Paul Barriga

Aplicación de un SIG en labores de catastro en la ciudad de Riobamba

Paul Barriga

Aplicación de un SIG en labores de catastro en la ciudad de Riobamba

Prototipo de un sistema de información geográfica (SIG) para la geo referenciación de catastros económicos

PUBLICIA

Impressum / Aviso legal
Bibliografische Information der Deutschen Nationalbibliothek: Die Deutsche Nationalbibliothek verzeichnet diese Publikation in der Deutschen Nationalbibliografie; detaillierte bibliografische Daten sind im Internet über http://dnb.d-nb.de abrufbar.

Información bibliográfica de la Deutsche Nationalbibliothek: La Deutsche Nationalbibliothek clasifica esta publicación en la Deutsche Nationalbibliografie; los datos bibliográficos detallados están disponibles en internet en http://dnb.d-nb.de.

Coverbild / Imagen de portada: www.ingimage.com

Verlag / Editorial:
PUBLICIA
ist ein Imprint der / es una marca de
OmniScriptum GmbH & Co. KG
Heinrich-Böcking-Str. 6-8, 66121 Saarbrücken, Deutschland / Alemania
Email / Correo Electrónico: info@editorial-publicia.com

Herstellung: siehe letzte Seite /
Publicado en: consulte la última página
ISBN: 978-3-639-64957-4

Agradecimiento

Agradezco a todas las personas que me han brindado su ayuda para la consecución de este proyecto de tesis de grado. En primer lugar, a mis padres, Gerardo Barriga y Laura Olivo, por el apoyo incondicional en todo momento. En segundo lugar, a mis profesores por las enseñanzas compartidas durante estos cinco años de estudio. Por último, al personal del Departamento de Sistemas del Municipio de Riobamba por su valioso aporte y colaboración para la consecución de esta tesis.

Dedicatoria

La presente tesis se la dedico a Dios por darme la fortaleza necesaria para asumir este nuevo reto en mi vida estudiantil. A mis padres y hermanas por brindarme el amor y comprensión que tanto he necesitado en el transcurso de la ejecución de esta tesis. A mis amigos más allegados por aquellas palabras de aliento que me han servido como fuente de motivación. En especial a Alejandra Narváez por ser quien se ha mantenido a mi lado todo el tiempo con sus palabras de ánimo y oportunos consejos.

Resumen

Un Sistema de Información Geográfica (SIG) es un software que capaz de trabajar con información geográfica y dentro del cual engloba funciones de gestión, análisis y visualización de dicha información. El uso de herramientas con estas características ha venido en auge en las últimas décadas debido al poderío que presenta para realizar estudios en los cuales se requiere de análisis espacial de los datos existentes. Es decir, vincular datos alfanuméricos con datos geográficos que ayuden a identificar información relevante en función de la posición geográfica de los objetos a los cuales se está sometiendo a estudio. El uso de un SIG toma vital importancia para aquellas organizaciones que necesitan conocer y analizar la ubicación de objetos dentro de un plano geográfico.

En el caso de este proyecto y bajo la premisa anterior, se busca la implementación de un sistema de información geográfica en la ciudad de Riobamba con el fin de georeferenciar los principales establecimientos comerciales con los que dispone la urbe. La implementación del SIG, con este precedente, busca solucionar varios problemas de gestión que se pueden presentar en el Municipio de Riobamba para tener un control más estricto sobre las actividades económicas que existen en la ciudad. Además, de proveer al mencionado municipio de una herramienta que sea capaz de brindar información tanto visual como alfanumérica para uso del personal interno. Asimismo, se pretende que los ciudadanos tengan acceso a dichos datos como disponibilidad y ubicación de locales comerciales que se encuentren dentro del perímetro urbano de la ciudad.

Abstract

A geographic information system (GIS) is software that can work with geographic information and in which includes management, analysis and display functions for this information. The use of tools with these features has been booming in the last years due to the power that has to perform studies in which spatial analysis is required for the existing data. In other words, linking alphanumeric and geographic data to help indentify relevant information based on the geographical location of the objects which are undergoing study. Using a GIS takes vital importance for organizations that need to know and analyze the location of objects geographically.

For this project and under the above premise, it seeks to implement a geographical information system in Riobamba city to georeference the most important commercial establishments available in the city. The implement of GIS, with this precedent, tries to solve many managerial problems that may occur in Riobamba City Hall for having a tighter control in economics activities that exist in the town. In addition, a GIS will provide to the municipality a tool that is able to provide both visual and alphanumeric information for use by internal staff. It is further intended that citizens will have access to data like availability and location of business that are within the city limits.

Contenido

Lista de Tablas

Lista de Ilustraciones

Capítulo 1

1. Introducción

1.1. ¿Qué es un SIG?

Un sistema de información geográfica es un software que se encuentra diseñado para realizar labores de gestión, análisis y visualización de información geográfica. Según UNIGIS, el SIG se encarga básicamente de realizar un nexo entre información geográfica e información descriptiva. La información geográfica es aquella que describe la ubicación que tiene un determinado objeto sobre un plano que describe geográficamente la corteza terrestre. Por otro lado, la información descriptiva es aquélla que describe las características del objeto en cuestión.

De acuerdo al Comité Coordinador de la Infraestructura de Datos Espaciales (CCIDEP), el objetivo de contar con una herramienta SIG es resolver problemas de gestión y planificación. Un SIG provee funciones de análisis tanto visual como descriptivo para un conjunto de datos que se encuentren georeferenciados dentro de un espacio determinado. Dichas tareas de análisis pueden incluir labores tan sencillas como ubicar un determinado objeto sobre una representación gráfica territorial, o tan compleja como conocer cuál es la ruta óptima que debería seguir un camión repartidor. Otras tareas que se pueden realizar con un SIG son por ejemplo, asignación óptima de recursos, monitoreo de avance en obras físicas y sobretodo; tomar decisiones en base a la ubicación de los objetos a los cuales se está analizando (UTPL, Internet). Con estos sencillos ejemplos, nos podemos dar cuenta de la capacidad que se esconde bajo los sistemas de información geográfica y su aplicación en casi todos los aspectos de la vida cotidiana.

Un SIG requiere que se establezca una conexión entre información alfanumérica e información geográfica. Es decir, que los objetos a los cuales la información alfanumérica describe, se encuentren posicionados dentro de un sistema de coordenadas determinado. En el caso de la ciudad de Riobamba, se requiere un SIG que contenga la información referente a los principales establecimientos que se dedican a las actividades económicas definidas por el sistema de patentes.

1.2. Situación Actual del Municipio de Riobamba

El Municipio de Riobamba a la actualidad dispone de toda la información referente a los establecimientos comerciales que se encuentran debidamente registrados en su sistema de patentes. Obtener la patente municipal es un requisito indispensable para que cualquier tipo de negocio pueda funcionar legalmente dentro de la urbe. Para la emisión de dicho documento se solicita que el solicitante presente varios documentos y datos necesarios para tener un control sobre el negocio en cuestión. La información que se recolecta es por ejemplo, nombre del representante legal, número de ruc, dirección y tipo de actividad comercial. Para la recolección de estos datos el municipio cuenta con un Sistema de Gestión y Administración llamado Cabildo. El mismo que está basado en el software Oracle Forms y utiliza como base de datos Oracle en su versión 9i.

Dentro del sistema Cabildo con el que cuenta actualmente el Municipio de Riobamba se dispone de un módulo específico denominado Patentes que es el que se encarga de la gestión de todos los datos referentes a una actividad comercial. Dentro del sistema, cada negocio se encuentra categorizado dentro de un grupo en específico. Los grupos asocian a actividades comerciales similares. Por ejemplo, se tienen las siguientes categorías: abastos, academias de arte, clínicas, farmacias, ferreterías, etc. Al momento de ejecución de este proyecto, el sistema cuenta con 434 diferentes categorías dentro de este registro municipal y con un total de 19331 locales comerciales en todo el perímetro urbano. Este dato se lo tomó en enero del 2012 al acceder a la base de datos de producción que utiliza el Municipio de Riobamba para el manejo de información catastral y de patentes.

Este esquema descrito anteriormente no cuenta con datos que relacionen a los establecimientos comerciales con alguna posición dentro de un sistema de coordenadas. Por tal motivo surge la necesidad de contar con una herramienta que ayude con la tarea anteriormente planteada. Además, que brinde un conjunto de funcionalidades propias de los sistemas de información geográfica tales como la visualización dentro de mapas georeferenciados de los datos disponibles y que se pueda realizar búsquedas específicas en base a diversos parámetros. Asimismo, la dependencia municipal requiere que el sistema brinde soporte para que a futuro la información sea publicada y la ciudadanía en general tenga acceso a la misma. Es decir, pueda buscar, identificar y localizar los distintos locales comerciales que se encuentran registrados.

1.3. Justificación del Proyecto

Con los antecedentes expuestos e identificando claramente cuáles son los requerimientos que el Municipio de Riobamba tiene, se resolvió que el presente proyecto de tesis busque la implementación de un sistema de información geográfica en la ciudad de Riobamba con el fin de georeferenciar los principales establecimientos comerciales con los que dispone la urbe. La implementación del SIG, con este precedente, busca solucionar varios problemas de gestión que se pueden presentar en el Municipio de Riobamba para tener un control más estricto sobre las actividades económicas que existen en la ciudad. Como se menciona en el apartado anterior, la información que se dispone hasta la fecha se encuentra tan sólo en formato alfanumérico y es necesario que se recopile datos georeferenciados en base a lo expuesto anteriormente. Después, dichos datos deben ser categorizados de acuerdo al tipo de actividad que posee cada uno de los establecimientos comerciales.

La implementación del SIG es propuesta en este caso para resolver dos problemas concretos que se presentan en el Municipio de Riobamba. Estos problemas son:

- Obtener información visual sobre la ubicación de los locales comerciales de la ciudad para labores de gestión. Específicamente para mejorar la labor del personal que hace inspecciones a los establecimientos comerciales y conocer las zonas en las que geográficamente se encuentran agrupados.
- La falta de información que tienen los ciudadanos acerca de la disponibilidad y ubicación de locales comerciales. Hacer pública la información recabada a toda la ciudadanía ayudaría a que las personas

puedan disponer de un banco de datos fiable en caso de requerir algún bien o servicio.

La implementación del prototipo expuesto en el presente proyecto será básicamente una ayuda visual para la ubicación en mapas georeferenciados de los locales comerciales que sean seleccionados. Como ya fue mencionado, existen 434 categorías de actividades económicas con las que cuenta el actual sistema de patentes. No obstante, para la ejecución de este proyecto se seleccionará 16 de aquellas categorías. Las mismas que fueron escogidas luego de conversaciones con los representantes de los departamentos de Rentas y Sistemas de la entidad municipal. Para dicha selección se tomó en cuenta información que puede ser útil para turistas que visitan la ciudad o habitantes establecidos que requieren de algún bien o servicio de uso cotidiano. Las actividades escogidas se presentan en la Tabla 1, en la cual además se presenta el número de locales comerciales que se encuentran actualmente registrados dentro de dicha categoría.

La recolección de información geográfica se hará de un total de 219 catastros dentro del perímetro urbano de la ciudad de Riobamba. Para tal tarea, se desarrollará una aplicación para dispositivos móviles que dispongan de GPS y sistema operativo Android. Con dicha información recolectada será más fácil la integración con el sistema actual de catastros que será en donde se almacenen los datos necesarios para el funcionamiento de la aplicación SIG. Para el acceso de la información por parte de la ciudadanía, se trabajará una interface web que disponga del mapa georeferenciado de la ciudad de Riobamba y sobre el mismo se monte la información recolectada. A manera de que se pueda identificar fácilmente y de manera visual la ubicación de cada uno de los locales comerciales así como una herramienta de búsqueda para que el ciudadano obtenga resultados de más fácil interpretación.

Actividad Económica	**Total de Locales Comerciales**
Academia de Artes	3
Actividades Artísticas	3
Agencia de Excursiones	4
Agencia de Viajes	32
Alquiler de Autos	2
Banco	15
Clínica	21
Comisariato	3
Complejo Turístico	2
Farmacias	102
Financiera	10
Hospitales	1
Mantenimiento de Computadoras	4
Local de espectáculos públicos	13
Operadora de Turismo	4
Total de Catastros	219

Tabla 1 - Actividades económicas seleccionadas para su georeferenciación dentro del SIG.

Capítulo 2

2. Marco Teórico

En el primer capítulo se hace una introducción acerca del concepto de un sistema de información geográfica (SIG por su acrónimo en español). La definición mencionada es sencilla y no busca nada más que ser un preámbulo acerca de los temas que se toparán en este proyecto de tesis. No obstante, la definición de un SIG es más amplia y requiere de un estudio más detallado. En esencia lo que se persigue en este capítulo es sentar una base conceptual sobre la cual se irá definiendo los conceptos más usados a lo largo de este documento. Todo esto con el fin de que el lector pueda entender concretamente todos los tópicos que se mencionan en la ejecución del proyecto.

2.1. Sistema de Información Geográfica.

La definición de SIG ha ido evolucionando a lo largo del tiempo. Inicialmente el concepto de SIG sólo estaba limitado a representaciones visuales de un espacio de terreno determinado. Es decir, el concepto estaba vinculado únicamente a mapas e imágenes que servían para describir un espacio de territorio. Sin embargo, estas representaciones visuales no representan nada si no se hace sobre las mismas un análisis de los datos que contienen. Es así como en 1850 se realiza el primer trabajo de análisis de datos sobre un mapa por parte del doctor John Snow. El aporte que hizo fue la utilización de un mapa de la región de Soho en Londres sobre el cual fue ubicando puntos que representaban la ubicación de pozos de agua. Su objetivo era ubicar cuales eran los pozos de agua donde había la presunción de que fue el originador de un brote cólera. Al hacer un análisis de cuáles eran los pozos que bebían los enfermos al final pudo detectar con precisión cuál fue el pozo de agua que se encontraba contaminado (Rosenberg, Internet).

Ilustración 1 - Mapa que utilizó en 1855 el doctor John Snow para detectar la fuente de la epidemia de cólera.

En la Ilustración 1 se muestra la imagen original en la que se basó el estudio del doctor Snow. La forma de identificar los pozos de los cuáles la gente enferma bebió fue utilizando una equis (X) y juzgando cuáles de ellos eran comunes para los enfermos de cólera pudo determinar el pozo contaminado. Estos fueron los albores de los métodos geográficos para determinar la solución de un problema específico. Aunque estos inicios fueron muy rudimentarios para las tareas que hoy se ejecutan en ambientes automatizados, se sembró un precedente histórico sobre la utilidad que tienen los SIG. El verdadero aporte del doctor Snow fue que por primera vez se analizó un conjunto de datos que eran dependientes de una ubicación en un mapa y es en lo que se basan los SIG en la actualidad.

En los últimos 40 años, el uso de SIG tomó un nuevo rumbo. Las computadoras y equipos electrónicos pasan a tener la capacidad técnica y operativa para manejar de manera adecuada información geográfica. Ahora la definición de SIG no sólo involucra el tratamiento de imágenes o mapas con representaciones territoriales, sino que va más allá. Se dice que un SIG es:

> "un sistema de hardware, software y procedimientos elaborados para facilitar la obtención, gestión, manipulación, análisis, modelado, representación y salida de datos espacialmente referenciados, para resolver problemas complejos de planificación y gestión" (NCGIA, 1990).

El tiempo en que las representaciones geográficas tan sólo estaban plasmadas en medios impresos quedaron atrás para dar paso a este nuevo enfoque. La tecnología se convierte en el principal instrumento para el desarrollo de SIG. Las ventajas son evidentes ya que la automatización de tareas reduce significativamente los tiempos empleados para el análisis de datos. En la última década el auge de SIG ha sido notable dentro del campo de la geografía. El principal motivo es que cada vez se tiene mejor tecnología.

En la actualidad SIG es ampliamente utilizado para trabajos de planeamiento y gestión de recursos. Se puede encontrar aplicaciones SIG en diversas áreas como por ejemplo: salud, forestación, ordenamiento territorial, ordenamiento de transporte. Es decir, en todos aquellos campos en dónde la ubicación geográfica de los elementos que se analiza tiene una influencia directa en los resultados que se espera obtener. De hecho, este componente geográfico es el que brinda al SIG un diferenciador sobre otros sistemas que tan sólo manejan información alfanumérica (Ortiz, Internet).

2.2. Datos Alfanuméricos

Los datos alfanuméricos son aquellos en cuyo contenido se tienen letras y dígitos. Son datos que se los almacena y recupera como texto. Son utilizados para los casos en los que se requiere tener descripciones sobre un determinado objeto. Por ejemplo, la dirección de una casa es un dato alfanumérico ya que estará compuesto por un texto que ayuda a describir el objeto casa. La mayor parte de datos con los cuales se trabajan son de tipo alfanumérico. Son de una relativa fácil obtención debido a que al ser sólo texto no requieren de herramientas adicionales de software y hardware.

Las bases de datos que almacenan este tipo de datos son consideradas como alfanuméricas. En el ámbito de SIG, estas fuentes de datos son utilizadas para describir y brindar datos extra sobre un objeto geográfico (Rodríguez, 4). La importancia del vínculo mencionado es que si no existiesen datos alfanuméricos que describan un objeto geográfico, éste perdería valor y no tendría significado alguno. Gracias a la versatilidad de los datos alfanuméricos es que se puede describir casi cualquier tipo de objeto.

2.3. Datos Geográficos

Los datos geográficos son aquellos que se refieren a una descripción espacial de un objeto (Olaya, 2). Este tipo de dato se encarga de guardar representaciones que ayudan a describir una región o territorio a través de su posición dentro de un sistema de referencia. Los datos geográficos son utilizados para ayudar a identificar en dónde se encuentra un objeto. Para localizar un objeto es necesario que el mismo se encuentre georreferenciado. Es decir, que se encuentre localizado dentro de un sistema de coordenadas geográficas y datum determinado.

La naturaleza de los datos geográficos es distinta dependiendo de cuál es su origen y forma de almacenamiento. En la Ilustración 2[1] se muestra un ejemplo de cómo a partir de un número de diversas representaciones de datos geográficos se persigue el objetivo de describir de la forma más acertada un espacio de territorio. Se distingue dos tipos de datos geográficos que serán explicados a detalle a continuación.

- Datos tipo ráster: este tipo de datos se componen de una malla de imágenes rectangulares del mismo tamaño. Cada celda se mapea directamente con una posición específica dentro del sistema de

[1] Ilustración tomada de la página web http://mydeneb.com (Deneb Latinoamericana S.A.)

coordenadas. Se utilizan comúnmente en fotografías aéreas o imágenes satelitales (Municipio de Loja, 54).

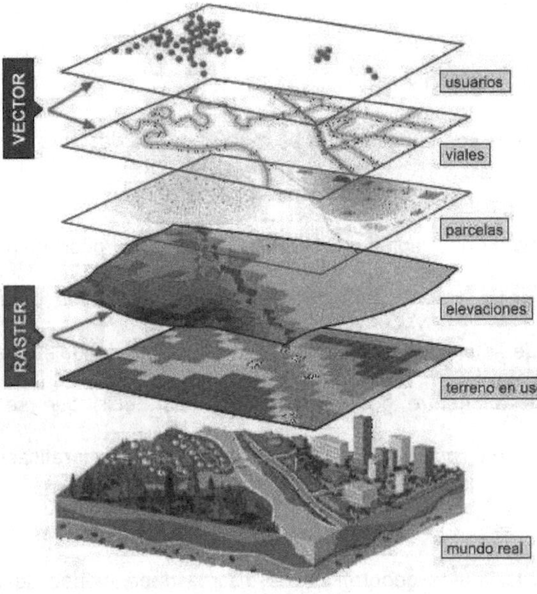

Ilustración 2 - Tipos de datos geográficos.

- Datos tipo vectorial: se basan en el concepto de vector; es decir, que definen una localización al guardar la ubicación sobre un conjunto de coordenadas. Se asemeja al uso de un plano cartesiano en el cual se tiene coordenadas x, y para definir la posición de un punto. Los datos vectoriales contienen estas coordenadas para que luego puedan ser construidas y posicionadas en el plano (Municipio de Loja, 54). Existen tres formas de datos de tipo vectorial:

- Punto: representa una única posición dentro del plano. Por ejemplo, la ubicación de un árbol dentro del mapa de un parque.
- Líneas: es un conjunto de puntos que se encuentran uno a continuación de otro. Al unir secuencialmente estos puntos se obtiene una línea. Por ejemplo, se puede representar una vía con esta forma de dato vectorial.
- Polígonos: partiendo del concepto de línea y si unimos el primer con el último punto obtendremos una figura cerrada. Esta figura cerrada en el ámbito de SIG es llamada polígono. Tiene como principales características que sirve para calcular áreas y perímetros. Un ejemplo claro es la representación de terrenos y parcelas definidas por unos límites determinados.

2.4. Sistema de Coordenadas Geográficas

A un sistema de coordenadas geográficas se lo puede definir como un marco de referencia que se superpone a la representación de un área geográfica. El principal objetivo de este marco de referencia es brindar una manera homologada de posicionar un objeto dentro del área de estudio (ESRI, Internet). Esta serie de convenciones se utilizan de manera uniforme a nivel mundial. Existen varios tipos de coordenadas geográficas definidas por diversas instituciones a lo largo de la historia. Sin embargo, el de uso más conocido y extendido es el sistema que usa latitud y longitud.

Latitud es la distancia que expresa la posición relativa a la línea ecuatorial en sentido norte o sentido sur. Longitud por otro lado es la distancia que expresa la posición relativa en sentido perpendicular a la latitud, sentido este – oeste (Mathematics Dictionary, Internet). Con estas dos coordenadas es posible ubicar cualquier punto dentro de una representación bidimensional de la superficie terrestre.

2.5. Datum

La Tierra a lo largo de la historia ha sido representada de diversas formas. Inicialmente se creía que la Tierra era plana y por ende su representación fue fácil ya que se la ubicaba sobre un plano bidimensional. Al avanzar el conocimiento humano sobre el planeta se pasó a un modelo en el cual el planeta era redondo. Complicando en cierta manera la forma en la cual los mapas estaban realizados. Plasmar una esfera sobre una superficie de dos dimensiones generaba un error de cálculo en la ubicación real de los objetos. Posteriormente se pasó a un modelo en el cual se demostró que la Tierra no era esférica sino que más bien se trataba de un geoide.

Los errores que se producían debido a la inexacta interpolación de puntos de la Tierra en un plano llevaron a que se tomen medidas alternas. Es como nace la idea de datum. La idea es añadir un nuevo punto de referencia a partir del cual se construye el sistema de coordenadas. Este punto debe ser conocido y simplifica la representación de determinadas áreas del planeta reduciendo el ruido o error en el proceso de traslación de la representación geoidal en una bidimensional (Fernández, 72).

2.6. Base de Datos Espacial

En el contexto de la informática se define a una base de datos como al conjunto organizado de datos lógicamente relacionados (Hoffer, 6). Este concepto genérico engloba todos los tipos de base de datos existente. Una base de datos espacial no es más que un tipo especial de base de datos en el cual uno de los tipos de datos con los que puede trabajar es de carácter geográfico. Esto implica que el software debe implementar las funciones necesarias para poder realizar operaciones con este componente espacial. Una base de datos espacial debe trabajar con tres componentes básicos para poder describir de manera adecuada a un objeto espacial (Gutiérrez, 1). Las características son atributos, localización y topología.

- Atributos: son los datos alfanuméricos que ayudan a describir a un objeto espacial. Nos indican la información necesaria para poder determinar qué tipo de objeto es el que se está representando.
- Localización: son los datos geográficos del objeto. Se componen de la ubicación que tiene el mismo dentro de un marco de referencia y la forma que ocupa.
- Topología: es el componente que se refiere a las relaciones que pueden existir entre objetos espaciales. Es un conjunto de reglas que ayudan a modelar relaciones geométricas de mayor precisión (ESRI, Internet).

El almacenamiento de datos geográficos ha sido estandarizado con el objetivo de que se tenga un conjunto común de métodos a través de los cuales se puede trabajar con la información. Es por tal motivo, que se han aparecido iniciativas por tratar de poner las reglas del juego cuando se trabaje con datos espaciales.

Tanto la International Standard Organization (ISO) como el OpenGIS Consortium (OGC) proveen una serie de especificaciones estándar para el acceso, almacenamiento y operaciones en los cuales intervienen este tipo de datos. Bajo esta premisa, los vendedores de motores de base de datos han hecho sus implementaciones brindando al usuario la posibilidad de tener un software que ayuda a la gestión completa de su información de tipo espacial.

2.7. Arquitectura Cliente – Servidor

La arquitectura cliente – servidor es un modelo que describe la relación que existe entre dos sistemas informáticos en dónde uno de ellos, llamado cliente, se encarga de solicitar un servicio al otro (llamado servidor) quien responde a la petición y devuelve un resultado (Rouse, Internet). Las ventajas que presenta este tipo de arquitectura son:

- Permite equilibrar la carga de trabajo entre el cliente y el servidor.
- Provee una forma de interconexión entre sistemas que funcionan en distintas ubicaciones geográficas.

2.8. Hyper Text Transfer Protocol (HTTP)

Es un protocolo de comunicación que se utiliza para la comunicación a través de la web. Su uso se basa en el modelo cliente – servidor realizando transacciones de petición y respuestas respectivamente. El protocolo se encarga de definir las reglas que se usarán entre el cliente y el servidor para el envío de mensajes e información entre ellos (Webopedia, Internet). Es un protocolo transaccional y sin estado; lo que significa que cada petición que se envía hacia el servidor es independiente de las demás y no se guarda información sobre conexiones pasadas.

2.9. Servidor Web HTTP

Un servidor Web no es más que un sistema informático que se ejecuta en ambientes con arquitectura cliente – servidor. Más que de un paquete de software específico, se trata de un concepto sobre un tipo de sistema que cumple con una determinada funcionalidad. Este software se ejecuta en el lado del servidor. Se encarga de recibir y procesar peticiones que realizan los clientes, generalmente navegadores web, utilizando el protocolo de comunicación HTTP (Hyper Text Transfer Protocol). Dependiendo de la petición que el cliente haya solicitado el servidor se encargará de realizar una determinada operación y podría devolver una respuesta hacia quien hizo la petición (Lingan, Internet). El funcionamiento general que tienen los servidores web se puede observar en la Ilustración 3.

El servidor web se encuentra aceptando conexiones por parte de los clientes. Cuando un cliente se conecta al servidor, realiza una petición de tipo HTTP. El servidor se encarga de recibir la petición e identificar qué tipo de operación debe realizar. Por último se genera una respuesta que es enviada hacia el cliente.

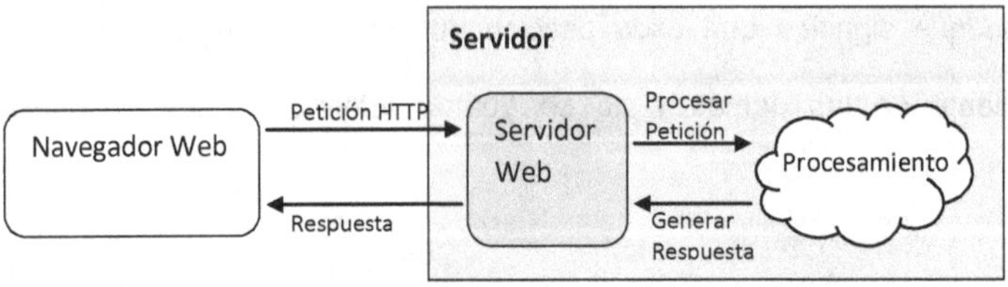

Ilustración 3 - Funcionamiento básico que brinda un servidor web.

2.9.1. Servidor HTTP Apache

Se trata de un proyecto de código abierto que se encarga de desarrollar y mantener un servidor web HTTP. Según su sitio web oficial (http://httpd.apache.org) el proyecto tiene como objetivo desarrollar un producto seguro, eficiente y extensible que sea capaz de proveer servicios HTTP. El servidor Apache está disponible para plataformas basadas en el sistema Unix, Mac y Windows. Incluye las características ya mencionadas sobre el funcionamiento básico que debe tener un servidor web.

2.10. SIG en la Web

Es innegable el alto impacto que tiene Internet en la sociedad actual. Internet se ha convertido en el medio a través del cual se puede compartir y acceder a contenido desde cualquier parte del mundo. Su uso se ha extendido de una manera vertiginosa y sus múltiples aplicaciones brindan a los usuarios la posibilidad de tener a su alcance todo tipo de información (Fu, 4). Por tal motivo, la evolución de los sistemas de información geográfica los está llevando a ser aplicaciones distribuidas a través de la web. Aunque SIG en sus inicios no estuvo pensado para ser distribuido a través de Internet, el mercado actual de aplicaciones ha hecho que se tome en cuenta este tipo de difusión. La entrada de SIG a las aplicaciones web tuvo su inicio cuando apareció la llamada web 2.0. La información empezó a ser el pilar fundamental sobre el cual los procesos computacionales distribuidos se asentaron (Fu, 9). Recordemos que SIG no es más que un sistema que se encarga de la gestión de datos e información que son de carácter geográfico. Por ende, la construcción de aplicaciones web que se fundamentan sobre el tratamiento de datos para brindar información a los usuarios se complementó con las funciones que los SIG ya ofrecían.

Usar SIG a través de la web además presentó otra ventaja. No se necesita de instalaciones complejas para que el cliente haga uso del SIG. Sólo se requiere que la estación de trabajo cuente con un navegador web instalado y acceso a una red. El uso de las aplicaciones se basa en tener una interfaz ligera, de fácil uso, visualmente agradable y que brinde una experiencia similar a la de usar una aplicación de escritorio común (Fu, 10). Estas características enunciadas se describen como:

- Interfaz ligera: significa que posee componentes que no ocupan demasiado espacio de almacenamiento. Por tanto, son más rápidos de descargar y usar.
- Interfaz de fácil uso y visualmente agradable: se refieren a que el usuario puede usar la aplicación web con muy poca o ninguna capacitación. Las funciones que se ponen a disposición deben poder ser utilizadas de manera intuitiva.

- Experiencia similar a una aplicación de escritorio: aunque las aplicaciones web 2.0 son ligeras para mejorar la manera en la que se transmiten a los clientes navegador web, éstas no deben dejar de brindar las funciones más básicas que una aplicación de escritorio de sus mismas características ofrece.

Para que un SIG trabaje en la web se necesita de dos componentes primordiales: un servidor y por lo menos un cliente. El funcionamiento es como cualquier aplicación web en la cual el cliente hace peticiones al servidor y éste le responde de acuerdo al tipo de solicitud que se le haga como se puede observar en la Ilustración 4. En el caso específico de SIG, el autor Pinde Fu describe el proceso de la siguiente manera:

- El cliente a través de un navegador web hace una solicitud de tipo http al servidor pidiendo algún tipo de información geográfica.
- El servidor recibe la petición, la analiza y ejecuta la operación SIG que se solicitó.
- El servidor envía al cliente la respuesta obtenida en el proceso SIG realizado.
- El cliente recibe el resultado y despliega la información que se obtuvo.

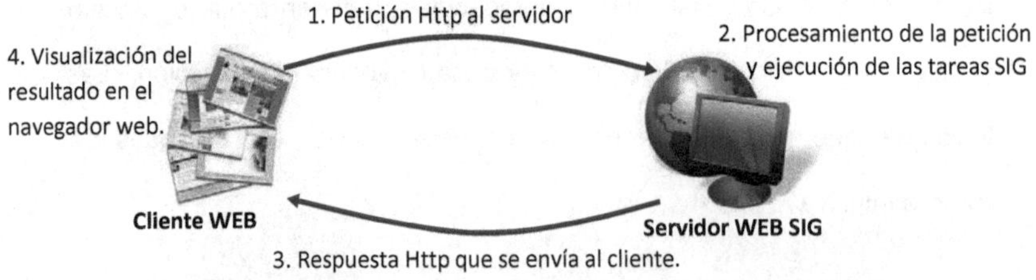

Ilustración 4 - Ciclo de una aplicación web que incluye funciones de SIG.

2.11. Geoportal

Al producto que se obtiene de la construcción de un SIG que trabaje a través de la web se le denominará como geoportal. Un geoportal es la plataforma que brinda acceso a la información geográfica que se encuentra alojado en algún sitio de Internet. Este componente se basa en las características de la web 2.0 para su funcionamiento. Su principal objetivo es permitir que los usuarios tengan acceso y visualización de datos espaciales. Al desplegarse a través de un navegador web, este tipo de producto es de fácil distribución. Además, adquiere la característica de ser una aplicación interoperable debido a que tan sólo se tiene la restricción de que se visualice a través de un navegador. Los navegadores web existen para un sinfín de dispositivos y sistemas.

El geoportal no es tan sólo una página web que muestra mapas. Su utilidad se extiende a tratar de replicar las funciones principales que tienen los SIG de escritorio. Entre sus funcionalidades, permiten realizar tareas de búsqueda, análisis y visualización de datos geográficos. Un claro ejemplo de un geoportal es el servicio Maps que provee la empresa Google Inc. Está disponible en la siguiente dirección web https://maps.google.com. Se puede observar una captura de pantalla de la interfaz del servicio en la Ilustración 5. En este portal se pone a disposición de los usuarios mapas de todo el mundo sobre el cual se despliegan datos geográficos tales como calles, carreteras, paradas de bus, etc.

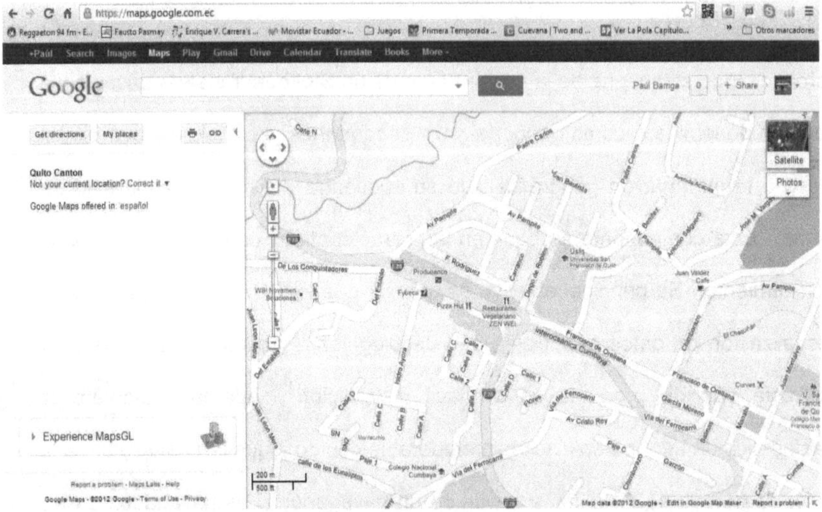

Ilustración 5 - Pantallazo de la aplicación Maps provisto por Google Inc.

2.12. Cabildo

En el capítulo introductorio se menciona a Cabildo como el software que se encarga de la gestión de la información municipal. El director del área de software del Municipio de Riobamba, Ingeniero Gerardo Capelo, es quien conoce de manera detallada la estructura sobre la cual se construyó el software Cabildo. El software Cabildo se encuentra diseñado e implementado usando Oracle Forms. En la página web oficial de Oracle se detallan las funcionalidades y capacidades de Oracle Forms. En nuestro contexto, sólo interesa conocer que es un software que ayuda al desarrollo de aplicaciones de manera rápida y eficiente. Se basa en la creación de formularios que se enlazan directamente a una base de datos Oracle para acceder y trabajar con los datos allí almacenados. En la

Ilustración 6 se muestra la forma en la cual se relaciona el software Cabildo con la base de datos Oracle.

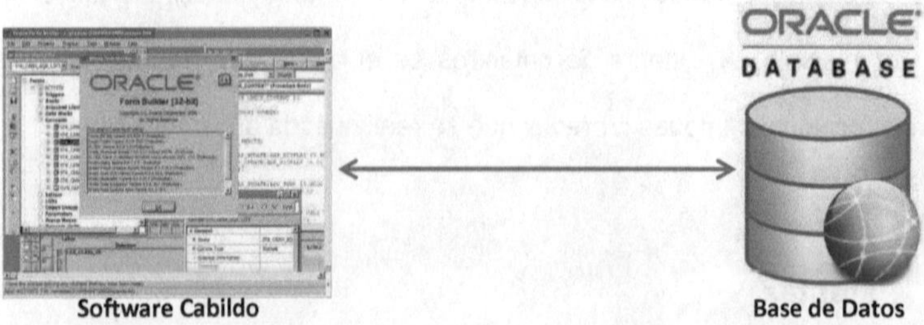

Ilustración 6 - Esquema general de la arquitectura del sistema Cabildo.

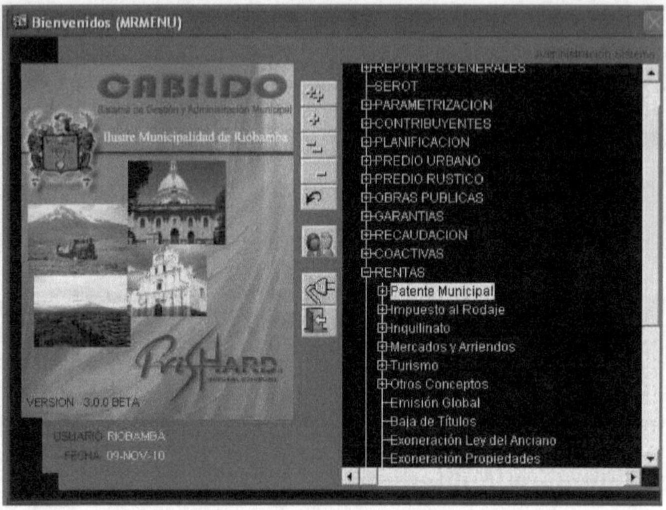

Ilustración 7 - Pantalla principal del sistema de gestión Cabildo

El sistema Cabildo cuenta con funciones para toda la gestión municipal. La pantalla principal del sistema Cabildo se muestra en la Ilustración 7. Este sistema se divide en varios subsistemas dentro de los cuales destacan: recaudación, catastros, rentas, etc. Los sistemas mencionados son los que más se utilizan a nivel municipal según el criterio del Ingeniero Capelo. El motivo es que bajo estos sistemas se calculan las tasas municipales que los contribuyentes aportan al municipio. Por ejemplo, el sistema de catastros es el encargado de calcular y manejar la recolección del impuesto predial que se realiza cada año.

2.12.1. Patentes

En específico, la información a la cual se va a acceder en la ejecución de este proyecto es la concerniente al módulo de patentes. El módulo de patentes se encarga de guardar y gestionar la información de los establecimientos comerciales que se encuentran registrados en el Municipio de Riobamba. Además, se encarga del cálculo automático de los valores que los contribuyentes deben cancelar por concepto de patente municipal. En la Ilustración 8 se muestra la interfaz que se utiliza al momento en el Municipio de Riobamba para el ingreso y modificación de información. Los datos que se relacionan con patentes son los concernientes a:

- Catastros: para conocer la ubicación del predio en donde se asienta el establecimiento comercial.
- Contribuyentes: para conocer quién es el representante legal del establecimiento y sus datos básicos como por ejemplo: cédula o ruc, nombre, dirección, teléfono.

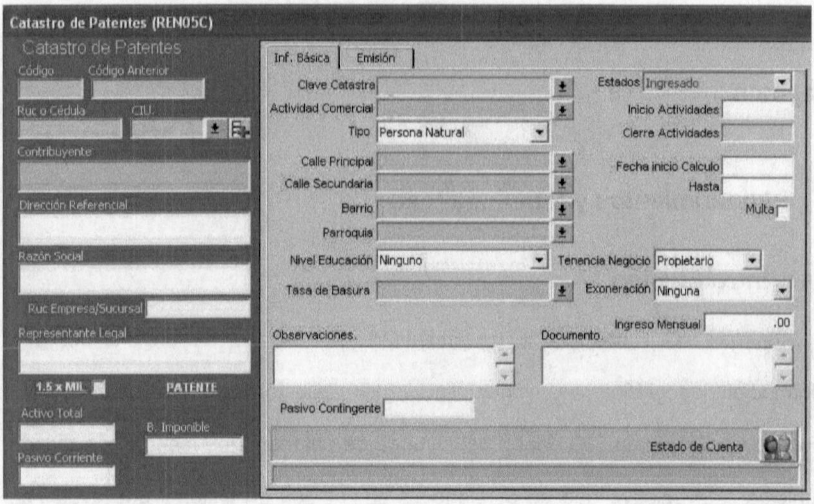

Ilustración 8 - Pantalla principal a través de la cual se accede a todas las funciones del módulo de patentes.

Capítulo 3

3. Requerimientos y Funcionalidad

3.1. Introducción

El Municipio de Riobamba a la actualidad no dispone de un sistema de información geográfica de ningún tipo. En este proyecto se planifica la implementación de un SIG dentro del sistema de patentes que maneja la entidad municipal. El objetivo que se persigue es contar con un sistema que ayude a gestionar información georreferenciada concerniente a la ubicación de los establecimientos comerciales registrados en la ciudad de Riobamba. En este capítulo se hará una descripción detallada acerca de los requerimientos que el Departamento de Sistemas del Municipio solicitó para la implementación de un SIG que se enlace a su base de información catastral y de patentes.

Además, se analizará la situación en la que se encuentran los repositorios que almacenan la información alfanumérica concerniente al sistema de patentes municipal. Dicho análisis es necesario para encontrar la mejor estrategia que permita el cumplimiento cabal de los requerimientos solicitados. Posteriormente, se establecerá los bosquejos de la arquitectura que se empleará. Asimismo se describirá los paquetes de software que se utilizarán y la interrelación que existirá entre los mismos.

3.2. Análisis de Requerimientos

Los municipios son entidades que se encargan de administrar, regular y planificar el crecimiento ordenado de una urbe. Por tal motivo, cada municipio debe hacer uso de todas las herramientas que sirvan para cumplir dicho propósito. Uno de los aspectos que controlan los municipios es la autorización que brindan a todos los establecimientos de carácter comercial para que puedan desarrollar sus actividades económicas. Esta idea básica describe perfectamente la función que tienen los sistemas de patentes municipales. Los municipios dentro de sus sistemas mantienen toda la información referente a cada establecimiento comercial. De esta manera, tienen todo el control sobre el crecimiento comercial que se desarrolla en cada ciudad.

Sin embargo, la mayor parte de la información que se recolecta y almacena es de carácter alfanumérico. Son datos que describen a cada negocio para conocer por ejemplo, quien es su dueño, su número de teléfono, la dirección en la cual se encuentra, si ha pagado sus obligaciones fiscales, etc. Este tipo de información es útil pero no suficiente para tener un mayor control sobre la forma en la cual evolucionan las actividades comerciales dentro de la ciudad. Es aquí donde entran las herramientas SIG como ayudas complementarias para que los funcionarios municipales puedan diagnosticar de una manera más fácil, efectiva y eficiente análisis acerca de la población de establecimientos comerciales. Un SIG ayudará a visualizar cuáles son las zonas con mayor impacto comercial, cuáles son los negocios más numerosos o cuáles son las actividades comerciales que se van perdiendo con el paso del tiempo.

En el Municipio de Riobamba la información concerniente a patentes que se mantiene al momento es únicamente alfanumérica. No existen herramientas SIG previas que se encarguen de describir geográficamente a los locales comerciales. Los motivos por los cuales se requiere de este tipo de conexión entre datos alfanuméricos y datos geográficos los especificaron los funcionarios municipales y se los describe a continuación:

- Visualizar claramente el lugar en el que se encuentran los establecimientos comerciales dentro de un mapa georreferenciado de la ciudad de Riobamba.
- Buscar e identificar la ubicación específica de cada establecimiento comercial registrado con el mínimo error posible.
- Contar con una herramienta que permita realizar tareas de análisis que resuelvan inquietudes referentes a la cantidad y localización de los negocios dentro del perímetro urbano de la ciudad de Riobamba.
- Brindar a la ciudadanía una plataforma que sirva para la búsqueda de locales comerciales oficialmente registrados.

Estos son los requerimientos que se desean solventar con la ejecución e implementación de un SIG al interior del Municipio de Riobamba. Este proyecto consistirá en un prototipo que establezca un primer aproximamiento para que se empiecen a utilizar datos geográficos y herramientas SIG al interior de la entidad municipal. El SIG que se implemente deberá satisfacer todas las necesidades previamente enumeradas. No obstante, primero se deben transformar las necesidades presentadas inicialmente en requerimientos específicos que puedan ser satisfechos por el software que será instalado. Asimismo, en concordancia y común acuerdo con los directivos del Departamento de Sistemas se establecieron como requerimientos los que se enumerarán a continuación:

- El sistema de información geográfica deberá ser de software libre; es decir, que su licencia permita la distribución, uso y modificación libre. De preferencia que no tenga costo de licencia.
- El SIG deberá contar con suficiente documentación de respaldo tanto para su uso como para su mantenimiento a futuro.
- El sistema que se implemente se conectará a la base de datos que el Municipio ponga a disposición como fuente de información alfanumérica. Los datos que se utilicen deben estar sincronizados en tiempo real con aquellos que usen los funcionarios municipales. No se pueden usar replicas aisladas de datos alfanuméricos para la alimentación de información al SIG.
- El sistema contará con un módulo que se encargue de la captura de información geográfica de campo. Se requiera que se provea de un mecanismo para que la toma de coordenadas geográficas se la haga a través de salidas de campo por parte de las personas que trabajan en el Municipio.
- El sistema soportará el ingreso de la información que se recolecte en las salidas de campo.
- En el sistema se permitirá que se realicen búsquedas de establecimientos comerciales de acuerdo a parámetros tales como el nombre del local o la clave catastral del predio en el cual se ubica.

- El sistema implementará la infraestructura para que a futuro la ciudadanía tenga acceso a la información geográfica del sistema de patentes a través de una interface web.
- El almacenamiento de la información geográfica que se utilizará en este proyecto deberá ser persistida en una base de datos de carácter espacial.

3.3. Descripción de la estructura de datos actual en el Municipio de Riobamba

El Departamento de Sistemas del Municipio de Riobamba es el organismo que se encarga del mantenimiento de la información concerniente a la urbe. Entre los datos que maneja se encuentran todos los relacionados con la información predial, catastral e impositiva. En el caso de este proyecto como ya se refirió en anteriores apartados, se requiere que se pueda acceder a los datos que reflejen la situación referente a patentes municipales de la ciudad. Según lo explicado por parte de los funcionarios municipales, una patente municipal no es más que un impuesto que los municipios cobran en lapsos anuales de tiempo a cada establecimiento comercial cuyas actividades se realizan dentro de su jurisdicción. Por tal motivo, en los datos que se almacenan como parte de una patente municipal van a estar incluidos aquellos que permitan saber la naturaleza de un establecimiento comercial, su ubicación, su representante legal y la cantidad que le corresponde tributar cada año.

La información con la que cuentan en el Municipio de Riobamba sobre patentes municipales es netamente alfanumérica. Los datos que almacenan y mantienen únicamente sirven para describir a cada establecimiento comercial. Aunque dentro de los campos que se almacenan para cada local se encuentra la dirección del mismo, no se conoce con certeza la ubicación que éste tiene sobre un mapa georreferenciado. La ubicación específica de un registro se la hace a través de la experiencia del personal que trabaja allí y conoce la ciudad. Sin embargo, cada vez es más difícil este tipo de localización debido al crecimiento sostenido de la ciudad y la creación de nuevas calles y zonas residenciales. El problema se presenta de manera evidente cuando nuevo personal ingresa a trabajar en las dependencias en las cuales requiere de conocimiento de la ubicación específica de bienes inmuebles. Sin una experiencia previa dichas tareas resultan complicadas e implican un mayor número de tiempo y recursos. Es aquí donde radica la importancia de contar con un componente de carácter espacial que sea capaz de facilitar y automatizar la tarea de localización.

En la actualidad el municipio cuenta con un sistema de gestión que permite manejar los diversos aspectos que la ley faculta a cada gobierno municipal. Por ejemplo: el ordenamiento catastral, el cobro de impuestos prediales, el cobro de patentes municipales, etc. En el desarrollo de la presente tesis, se analizó y estudió un poco más a detalle cómo funciona el sistema de patentes municipales. El objetivo de este proyecto es incluir información espacial que describa geográficamente cada establecimiento comercial contenido bajo la categoría de patentes. Los datos referentes a este módulo se encuentran a cargo del departamento de sistemas y del departamento de rentas del Municipio de Riobamba. En el departamento de rentas se encargan del ingreso y actualización de los datos mientras que el departamento de sistemas tiene a su cargo el manejo de infraestructura tanto de hardware como de software.

Por lo expuesto fue necesario conocer la situación actual de los datos, su estructura de almacenamiento y la infraestructura dentro de la cual se encuentra persistentemente guardada. El Municipio de Riobamba cuenta con un sistema informático denominado Cabildo. Este sistema utiliza la tecnología de Oracle Forms para su capa de presentación y como motor de base de datos se tiene un Oracle versión 9i. No haré énfasis en la capa de presentación de Cabildo ya que no es parte del alcance de esta tesis; sin embargo, es necesario conocer la estructura de tablas que se maneja a nivel de base de datos. En específico se solicitó información sobre las tablas que intervienen en el registro de actividades comerciales pertenecientes al módulo de patentes.

El sistema completo con el cual trabaja el Municipio de Riobamba cuenta con una cantidad de 244 tablas. No obstante, en este proyecto de tesis sólo se tendrá acceso a dos tablas dentro de su base de datos. En la Ilustración 9 se muestra un diagrama con las tablas que se utilizarán, así como los campos que se utilizarán y las relaciones existentes. La información al cual el SIG tendrá acceso son datos básicos sobre las actividades comerciales y los establecimientos comerciales registrados dentro del sistema.

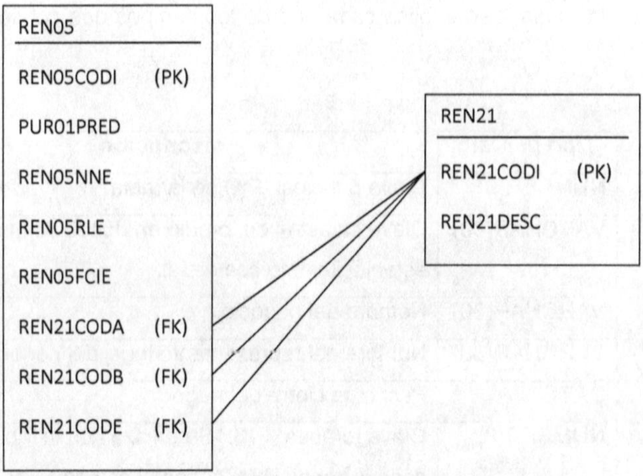

Ilustración 9 - Tablas correspondientes a patentes en la base de datos Oracle 9i que maneja el Departamento de Sistemas del Municipio de Riobamba.

En la Ilustración 9 es notorio que los nombres tanto de las tablas como de los campos que se utilizarán no tienen nombres descriptivos. Es decir, el nombre por sí solo no da una descripción explícita sobre lo que representa. Por tal motivo, es necesario hacer una explicación adicional con el detalle acerca del significado de todos los campos de las tablas mencionadas anteriormente. Con esta aclaración se espera que se pueda identificar qué tipo de información es a la cual se va a tener acceso y de qué manera será usada posteriormente al momento de enlazarla con su información geográfica correspondiente.

3.3.1. Tabla REN05

En esta tabla encontraremos toda la información relacionada directamente a patentes. Es dónde se almacenan los datos necesarios sobre un establecimiento comercial. En la Tabla 2 se explica cada uno de los campos que contiene esta tabla.

Campo	Tipo de Dato	Descripción
REN05CODI	NUMBER(9)	Clave principal (PK) de la tabla.
PUR01PRED	VARCHAR(30)	Clave catastral del predio en dónde se ubica el establecimiento comercial.
REN05NNE	VARCHAR(80)	Nombre del negocio.
REN05RLE	VARCHAR(80)	Nombre del representante legal del negocio.
REN05FCIE	DATE	Fecha de cierre del negocio.
REN21CODA	NUMBER(8)	Clave foránea (FK). Se enlaza con la tabla de descripciones REN21 con el campo REN21CODI en una relación uno a uno. En este campo se encuentra la referencia a la información concerniente al tipo de actividad comercial.
REN21CODB	NUMBER(8)	Clave foránea (FK). Se enlaza con la tabla de descripciones REN21 con el campo REN21CODI en una relación uno a uno. En este campo se encuentra la referencia a la información concerniente a la calle principal sobre la cual se asienta el establecimiento comercial.
REN21CODE	NUMBER(8)	Clave foránea (FK). Se enlaza con la tabla de descripciones REN21 con el campo REN21CODI en una relación uno a uno. En este campo se encuentra la referencia a la información concerniente a la calle secundaria sobre la cual se asienta el establecimiento comercial.

Tabla 2 - Diccionario de datos de la tabla REN05 de la base de datos del sistema Cabildo del Municipio de Riobamba.

3.3.2. Tabla REN21

La tabla REN21 es utilizada con múltiples propósitos. En esta tabla se encuentran descripciones que son utilizadas en otras tablas dentro de toda la aplicación Cabildo. Los campos a los cuales se tendrá acceso son los indicados en la Tabla 3.

Campo	Tipo de Dato	Descripción
REN21CODI	NUMBER(8)	Clave principal (PK) de la tabla.
REN21DESC	VARCHAR(45)	Descripción del parámetro almacenado.

Tabla 3 - Diccionario de datos de la tabla REN21 de la base de datos del sistema Cabildo del Municipio de Riobamba.

3.4. Solución informática propuesta

En base a la problemática planteada anteriormente y con la expectativa de cumplir con los requerimientos especificados, a continuación se hace un breve bosquejo del sistema informático que será implementado. En primer lugar se identificará de manera general la arquitectura que tendrá el sistema. Posteriormente, se hará un análisis de los módulos que integrarán el sistema así como la manera en la cual interactuarán entre ellos. Por último, se detallará cada uno de los elementos pertenecientes a cada módulo.

3.4.1. Arquitectura propuesta para el sistema de información geográfica

El sistema informático que se implemente deberá tener como características que sea:

- Modular: que cada componente que integra el sistema tengo un alcance específico dentro de las funciones que desempeñará. Además, cada componente deberá tener cierta independencia en relación a los demás componentes que conformarán el sistema.
- Escalable: que el sistema sea capaz de soportar cambios a futuro que añadan funcionalidad sobre la ya existente sin perder las características bajo las cuales el sistema fue implementado inicialmente.

El diseño que se utilice para el sistema de información geográfica deberá tener en consideración estas dos características. Por otro lado, también se debe tomar en consideración los requerimientos solicitados y las limitaciones impuestas por el Municipio de Riobamba para la implementación del sistema. En la actualidad, la tendencia de las aplicaciones informáticas es tener sistemas diseñados en estructura de capas basándose en la arquitectura cliente – servidor. Es decir, que la aplicación se divide en módulos y cada módulo cumple con un tipo de funcionalidad. El objetivo de tener una estructura de este estilo es que cada capa es independiente de las demás y es más fácil identificar y corregir los errores que se presenten sin afectar el funcionamiento en otro módulo.

Para el diseño de este proyecto se escogerá el modelo de programación de tres capas como se puede identificar en la Ilustración 10. Se hará una distinción entre la capa de presentación, de lógica del negocio y de manejo de datos. Cada capa cumplirá con funciones específicas y no deberá sobrepasar el alcance de su funcionalidad. Este modelo está ligado fuertemente a la arquitectura cliente – servidor, favoreciendo que la aplicación pueda ser accesible a través de la web.

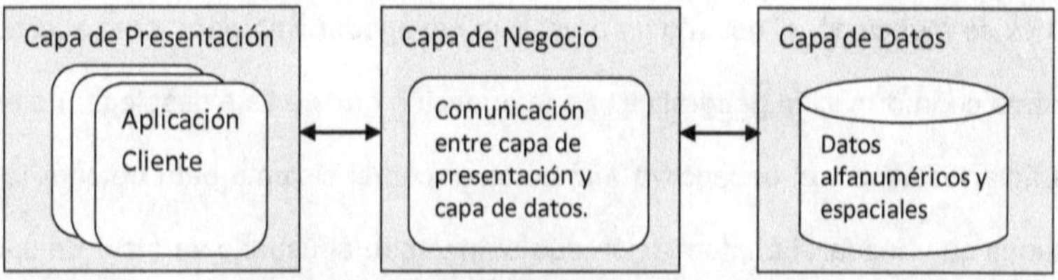

Ilustración 10 - Modelo de programación de tres capas propuesto para el sistema de información geográfica

3.4.2. Capa de Presentación

La capa de presentación es la encargada de mostrar al usuario la información que solicita. El sistema requiere que la información geográfica del sistema de patentes sea accesible a través de la web. Es la capa con la cual el cliente tendrá interacción directa a través de un navegador web; por tal motivo, se la implementará usando los lenguajes de programación y estándares aceptados por la mayoría de navegadores web. Con el fin de garantizar la portabilidad de la aplicación y la misma pueda ser usada en cualquier dispositivo que cuente con un navegador web. Específicamente se construirá el sitio usando HTML, CSS y Javascript. Esta capa sólo tendrá acceso directo con la capa de negocio y deberá limitar sus funciones a:

- Capturar la información del usuario.
- Realizar validaciones básicas sobre los datos que el usuario ingresa.
- Construir una interfaz amigable con el usuario.
- Mostrar de manera agradable y entendible la información enviada desde la capa de negocio.

Como ya se mencionó, el usuario va a usar un navegador web para tener acceso al sistema de información geográfica. La información que se va a desplegar no es de carácter estático y el usuario va a interactuar con el sistema para obtener los resultados que desea. La información que se muestre al usuario va a ser de tipo espacial y alfanumérico. La información espacial que se presentará debe corresponder a la visualización de los mapas georreferenciados del perímetro urbano de la ciudad de Riobamba y a marcadores que muestren la ubicación específica de los establecimientos comerciales existentes en el sistema Cabildo. Por otro lado, la información alfanumérica que se presentará debe corresponder a la información descriptiva correspondiente a cada uno de los establecimientos comerciales. Por ejemplo, el tipo de actividad comercial que desarrolla, el nombre del local, su representante legal.

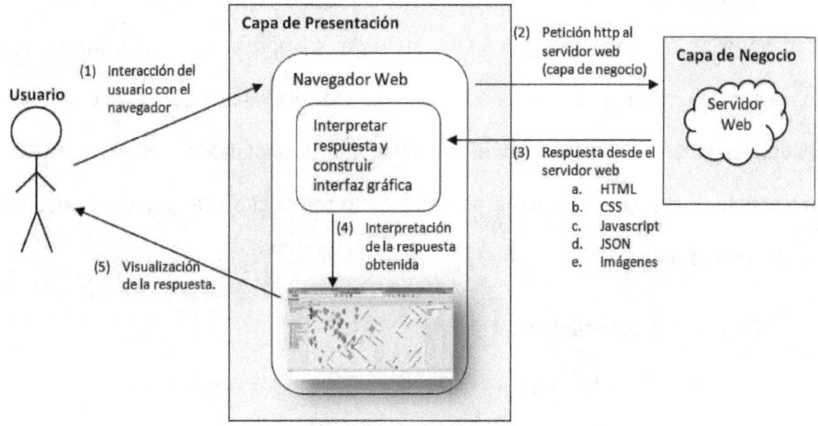

Ilustración 11 - Arquitectura propuesta para la capa de presentación del sistema de información geográfica.

En la Ilustración 11 se muestra el esquema completo de la capa de presentación. Asimismo se muestra la forma en la cual la información va a fluir desde que el usuario hace una petición hasta que recibe una respuesta. Paso a paso la capa de presentación se encargará de:

(1) Interacción del usuario: en la capa de presentación se interceptará las acciones que tome el usuario para interactuar con el sistema a través del navegador web.

(2) Petición HTTP al servidor web: dependiendo del tipo de acción que el usuario ejecute sobre la aplicación, se construirá una petición de tipo HTTP hacia el servidor web. Esta es la manera a través de la cual la capa de presentación se comunica con la capa de negocio.

(3) Respuesta desde el servidor web: en la capa de negocio la petición será tratada y se generará una respuesta acorde a lo solicitado. La respuesta que se origine puede ir acompañada de documentos HTML, CSS, Javascript, cadenas de tipo JSON o imágenes.

(4) Interpretación de la respuesta obtenida: el navegador procesará los documentos que se obtengan como respuesta y los convertirá para poder ser mostrados en la interface del portal web.

(5) Visualización de la respuesta: una vez que el navegador despliega la información en su interfaz gráfica, el usuario la puede visualizar.

3.4.3. Capa de Lógica del Negocio

Se encarga de intermediar entre la capa de presentación y la capa de manejo de datos. Es la capa en la cual se recibe la información desde la capa de presentación, se la valida, manipula y devuelve una respuesta dependiendo del tipo de petición hecha. En esta capa se implementará toda la lógica de búsquedas tanto de actividades comerciales como de establecimientos comerciales. Además, la construcción de las respuestas en un formato que la capa de presentación pueda comprender y presentar al usuario. Adicionalmente, desde aquí se manejarán las consultas a la capa de datos. Aquí se enlazará los datos de carácter alfanumérico con sus correspondientes de carácter espacial.

En la capa de negocio también tendrá a su cargo la función de proveer a la base de datos de información espacial. Dentro de los requerimientos iniciales para la implementación del sistema de información geográfica se estableció que los datos alfanuméricos serían tomados desde la base de datos Oracle 9i. El mantenimiento de este tipo de información no estará dentro del alcance de este proyecto debido a que esa es tarea del sistema Cabildo. Sin embargo, la información espacial sí deberá ser ingresada y mantenida por un módulo de este sistema. Por lo tanto, en la capa de negocio se implementará toda la lógica que permita realizar operaciones sobre la información espacial que estará contenida en la capa de datos.

En la Ilustración 12 se pueden identificar claramente dos módulos al interior de la capa de presentación. Cada uno de ellos tiene funciones específicas y diferentes. En primer lugar, el módulo de consulta de datos tiene cómo tareas:

- Recibir las peticiones que vienen desde la capa de presentación
- Identificar el tipo de petición
- Consultar la información desde la capa de datos que sea necesaria de acuerdo a la petición solicitada.

- Convertir la información que viene desde la capa de datos a un formato que la capa de presentación logre comprender.
- Enviar la respuesta obtenida a la capa de presentación.

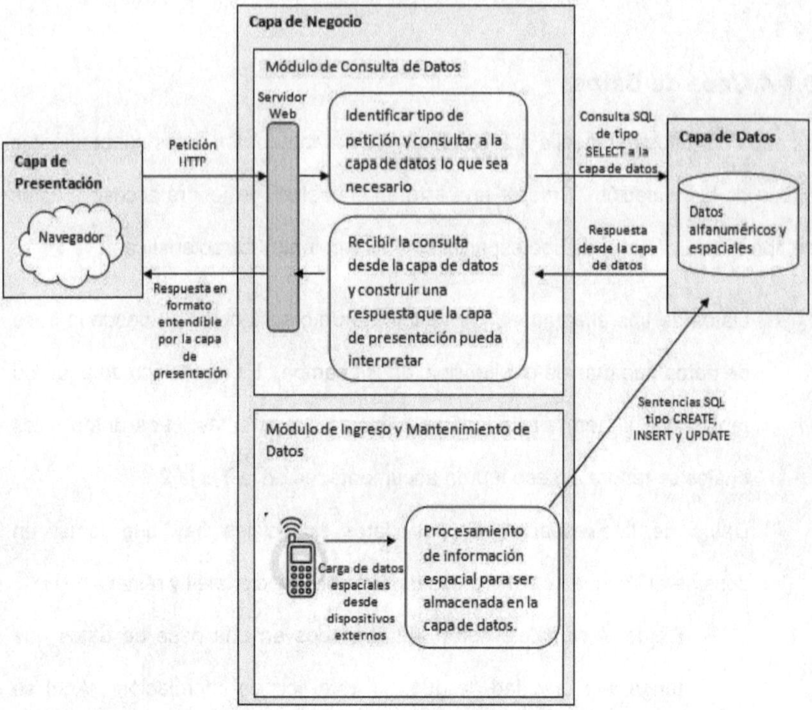

Ilustración 12 - Esquema general del funcionamiento interno de la capa de negocios.

Por otro lado, el módulo de mantenimiento de datos tiene funciones distintas a las ya mencionadas. Este módulo se encarga de mantener la información espacial que se almacena en la capa de datos. Sus funciones específicas son:

- Leer información espacial desde dispositivos externos.

- Enlazar la información espacial con la información alfanumérica ya existente.
- Mandar a guardar la información espacial en la capa de datos.

3.4.4. Capa de Datos

La capa de datos es aquella que se encarga de mantener los datos concernientes al uso de la aplicación. En este proyecto en específico se tendrá acceso a datos de tipo alfanumérico y de tipo espacial con las siguientes características:

- Datos de tipo alfanumérico: este tipo de dato será obtenido desde la base de datos que maneja el Municipio de Riobamba. En específico de aquellas tablas que tienen relación con el sistema de patentes. Los datos a los cuales se tendrá acceso fueron documentados en la Tabla 2.
- Datos de tipo espacial: En los datos espaciales hay que tomar en consideración que se tiene datos de dos tipos: vectoriales y ráster.
    - Datos Vectoriales: serán almacenados en una base de datos que tenga la capacidad de guardar este tipo de información. Aquí se guardarán los datos que corresponderán a la ubicación geográfica de los establecimientos comerciales.
    - Datos Ráster: son las imágenes que representan a los mapas georreferenciados de la ciudad de Riobamba.

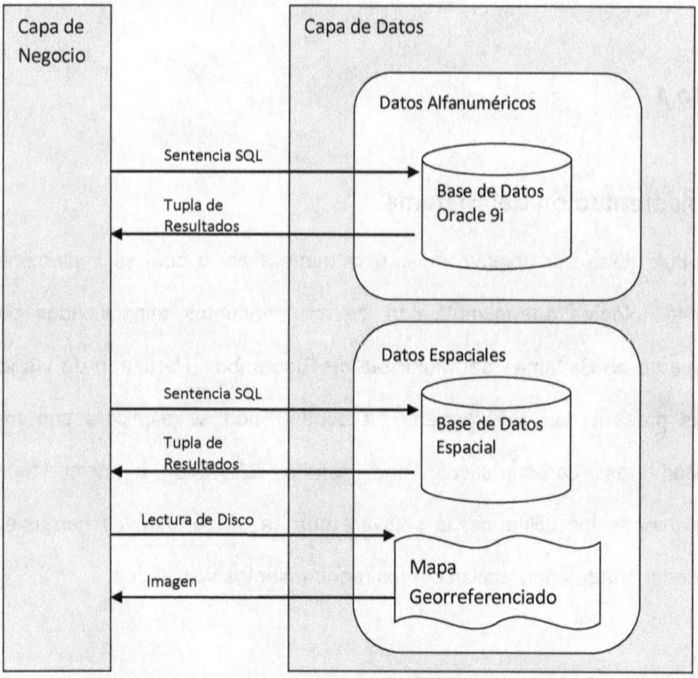

Ilustración 13 - Módulos que componen la capa de datos.

Capítulo 4

4. Implementación del Sistema

Este capítulo tiene por objetivo mostrar la manera en la cual se implementó la solución tecnológica que cumpla con los requerimientos especificados por el Departamento de Sistemas del Municipio de Riobamba. Partiendo de las ideas generales presentadas anteriormente, a continuación se explicará con mayor profundidad las características que tendrá el SIG a nivel técnico. Específicamente, los utilitarios de software que se utilizarán y las herramientas propias desarrolladas para satisfacer los requerimientos solicitados.

4.1. Infraestructura

Para el presente proyecto el Departamento de Sistemas del Municipio de Riobamba pone a disposición:

- Un servidor con sistema operativo Windows Server 2003 R2.
- Conexión a la base de datos Oracle 9i con un usuario de lectura sobre las tablas REN05 y REN21.

4.2. Capa de Datos

La estructura de la capa de datos ya fue mencionada en la sección 3.4.4 y en este apartado tan sólo se hará hincapié en la forma en la cual se implementará el diseño estudiado. Asimismo se mencionará los paquetes de software que se instalarán y las fuentes iniciales desde dónde se recabará la información piloto para que el sistema tenga un funcionamiento básico.

4.2.1. Base de datos alfanumérica

La base de datos que se utilizará como fuente de datos alfanumérica será la misma que se utiliza con el sistema Cabildo. Es una base de datos Oracle 9i Release 2 que se encuentra instalada sobre una computadora con sistema operativo Windows XP. La estructura interna de esta base fue analizada en el apartado 3.3. Por parte del Municipio de Riobamba se brindo acceso a esta base de datos con un usuario de sólo lectura y que puede trabajar sobre las tablas REN05 y REN21.

El SIG no tendrá la posibilidad de modificar o insertar datos en esta base de datos porque no está dentro del alcance de este proyecto y podría generar corrupción de los datos. Los datos que el sistema utilizará son los detallados en la Tabla 2 y en la Tabla 3. Esta base de datos no requiere un mayor análisis debido a que es un producto que se utilizará tal cual se presenta. No es posible hacer cambios en cuanto a su estructura o forma de funcionamiento.

4.2.2. Base de datos espacial

Los datos alfanuméricos necesitan tener una propiedad adicional que les brinden la capacidad de ser ubicados sobre un sistema de coordenadas geográficas. En la base de datos Oracle 9i que se utilizará no se puede guardar este tipo de información debido a que inicialmente este producto no fue diseñado con este componente y la base de datos ya no puede ser modificada en ningún aspecto. Por este motivo, se decidió que la información espacial sea almacenada en un motor de base de datos distinto que sí tenga habilitada esta característica.

El software que se utilizará es PostgreSQL que es una base de datos de código abierto y soportado por una comunidad de desarrolladores voluntarios alrededor del mundo. El motivo por el cual este programa será utilizado es que permite la instalación de módulos adicionales que permiten a la base de datos normal tener la capacidad de convertirse en una base de datos espacial. El módulo instalado para tal efecto es PostGIS que de la misma manera es de código abierto y de libre distribución.

En la base de datos PostgreSQL se guardará toda la información de los objetos que necesitan tener un componente geográfico. Cada establecimiento comercial registrado en el sistema de patentes se relacionará con un objeto de carácter espacial tipo punto almacenado en PostgreSQL. Por otro lado, la información concerniente a las calles de la ciudad también será almacenada en este motor como un objeto espacial tipo línea.

4.2.2.1. Tablas

La base de datos PostgreSQL estará encargada de dos funciones específicas. La primera función que cumplirá será guarda la información geográfica de las calles que conforman la ciudad de Riobamba. Como segunda función tendrá, almacenar la información de cada establecimiento comercial que se encuentra registrado en el módulo de patentes del sistema Cabildo.

- Tabla Calle

calle
- gid (Clave Primaria) - name - the_geom (Campo de carácter geográfico)

Ilustración 14 - Estructura de la tabla calle

La tabla "calle" tiene por objetivo ser el espacio de almacenamiento de objetos geográficos tipo línea que representan las calles de la ciudad de Riobamba. La estructura de la tabla se muestra en la Ilustración 14 y una explicación detallada de lo que representa cada campo se la puede encontrar en la Tabla 4.

Campo	**Tipo de Dato**	**Descripción**
gid	serial	Es la clave primaria de la tabla e identificador único de la misma. Es un campo autoincremental.
name	text	Es el nombre de la calle que el objeto representa.
the_geom	geometry	Es el campo en donde se almacena la información de carácter geográfico. Es un objeto espacial de tipo línea.

Tabla 4- Diccionario de datos de la tabla "calle"

- Tablas para los establecimientos comerciales.

Una de las características del SIG es que cada tabla de carácter espacial se convierte en una capa dentro del modelo de mapas que se genera. Uno de los requerimientos que pone en manifiesto el personal del Municipio de Riobamba es que se haga una distinción entre categorías económicas. En base a esto, se estableció que cada actividad económica que exista en el módulo de patentes de Cabildo sea mapeada en una tabla distinta dentro de PostgreSQL.

Para la implementación piloto de este proyecto de tesis, se levantará información que corresponde a una cantidad de 16 categorías de actividades económicas cómo se menciona en la sección 1.3. Se escogió esta cantidad de actividades comerciales debido a que el presente proyecto es un prototipo que contará con un conjunto inicial reducido de datos para fines demostrativos. A futuro esta cantidad se podrá ir incrementando de acuerdo a las necesidades que presente el Municipio de Riobamba. El sistema de patentes completo cuenta con una cantidad de 434 actividades económicas. Es necesario que en la base de datos se tome en cuenta este precedente para prever el incremento de tablas en el futuro. Las tablas que se crearán para almacenar actividades económicas seguirán un formato establecido para evitar que sean confundidas con tablas de otro tipo. El estándar que se debe seguir para agregar una nueva tabla de actividad económica es el siguiente:

- El nombre de la tabla debe empezar con la secuencia de caracteres "act_". A continuación el nombre de la actividad económica en minúsculas. Si existiesen caracteres en blanco, éstos deben ser reemplazados por el carácter "_".

act_nombre_actividad

- La estructura de la tabla deber seguir el esquema descrito en la Tabla 5.

Campo	Tipo de Dato	Descripción
id_patente	integer	Es la clave primaria de la tabla e identificador único de la misma. Este campo debe corresponder con el campo REN05CODI de la tabla REN05 en la base de datos Oracle 9i.
the_geom	geometry	Es el campo en donde se almacena la información de carácter geográfico. Es un objeto espacial de tipo punto.

Tabla 5 - Diccionario de datos que corresponde a las tablas que contenga información de establecimientos comerciales por categorías.

En PostgreSQL no se almacenará nada más que información geográfica. La misma que será enlazada con la información descriptiva proveniente de la base de datos Oracle 9i. Para establecer dicha relación, en las tablas de actividades comerciales existe el campo "id_patente". Este campo debe corresponder de manera obligatoria con el campo REN05CODI de la tabla REN05. De esta manera se evita que en las tablas que almacenan información geográfica ocurra duplicación de claves primarias. El campo REN05CODI es la clave primar de la tabla REN05 y por ende no pueden existir dos establecimientos comerciales que tengan el mismo valor en este campo. La forma en la cual se relación está ejemplificada en la Ilustración 15. El campo "id_patente" de cualquier tabla de actividades económicas actúa como una clave foránea cuya clave referenciada es el campo REN05CODI de la tabla REN05 en Oracle.

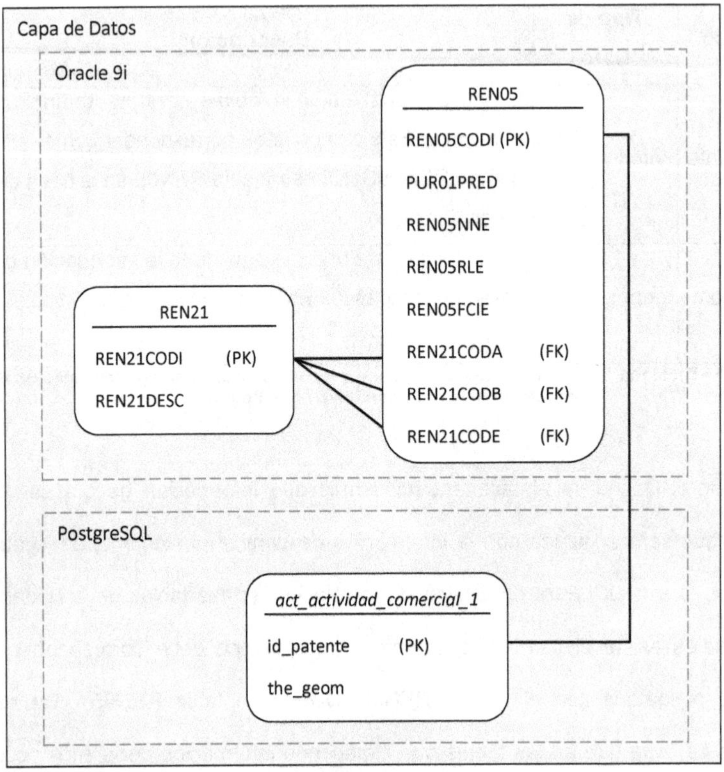

Ilustración 15 - Relación entre datos alfanuméricos y datos espaciales

4.2.3. Mapas Georreferenciados

El proyecto necesita de imágenes que sean la representación del espacio territorial correspondiente a la zona urbana de la ciudad de Riobamba. Para que las imágenes utilizadas sean útiles dentro del contexto del SIG que se está implementando, éstas deben estar georreferenciadas. Es decir, que varios puntos sobre la imagen estén relacionados a coordenadas geográficas. Así, la imagen se convierte en un mapa útil sobre el cual se puede identificar puntos geográficos.

La cartografía existente sobre la ciudad de Riobamba al momento es limitada en tanto a registros digitales. Por ejemplo, el servicio de mapas que ofrece Google aún muestra errores tanto en ubicación y trazo de calles como en el nombre de las mismas. Además, de mostrar mapas satelitales con una calidad muy baja como se puede evidenciar en la Ilustración 16. El Municipio de Riobamba cuenta con un levantamiento topográfico realizado en el año 2010, siendo el más actual que se puede encontrar al momento.

Ilustración 16 - Imagen de la ciudad de Riobamba obtenida del servicio de mapas de Google

El mapa que se puede observar en la Ilustración 17 corresponde al facultado por el Municipio de Riobamba. En el mismo se puede encontrar información acerca de calles, barrios y parroquias de la metrópoli. Aunque es una fuente oficial de información geográfica de la ciudad, se tuvo como inconveniente que el mapa se encontraba almacenado usando la aplicación AutoCad en formato DWG. DWG es un formato propietario de archivo binario licenciado por Autodesk que se utiliza para almacenar información bidimensional o tridimensional (CoolUtils, Internet). Por tanto, el mapa estaba limitado a ser usado por aplicaciones propietarias que incluyan la forma de decodificar la información almacenada al interior del archivo.

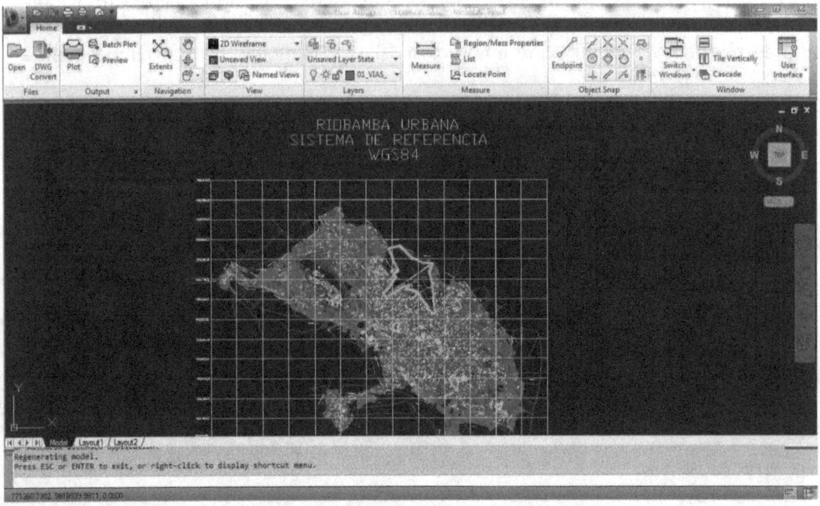

Ilustración 17 - Mapa georreferenciado de la ciudad de Riobamba. Fuente: Municipio de Riobamba.

Ilustración 18- Mapa georreferenciado de la ciudad de Riobamba. Fuente: Municipio de Riobamba

Buscando en diversas fuentes tales como Internet, mapas impresos y entidades gubernamentales acerca de otros recursos que permitan el uso de mapas georreferenciados de la ciudad de Riobamba se llegó a identificar dos: OpenStreetMaps e Instituto Geográfico Militar. Los mapas que se obtienen del portal web http://www.openstreetmaps.org constituyen una fuente de información muy rica tanto a trazo de las calles de la urbe así como los nombres de las calles que la constituyen. Este sitio en Internet se basa en la idea de un wiki en el cual las personas voluntaria y colaborativamente son capaces de añadir, modificar o eliminar información de carácter espacial. El sitio web se vale de la información colectiva de los usuarios para manejar información geográfica actualizada y fiable de la ciudad. Maneja la idea básica de un wiki en la cual sólo los usuarios que presentan verdadera contribución sobre los datos que se cargan tienen permitido subir cambios que se podrían considerar permanentes. Si un usuario sube información falsa o distorsionada y es identificado a través de la colaboración de otros usuarios, pierde reputación en el portal y sus cambios son revertidos. De esta manera, OpenStreetMaps maneja contenido confiable. En base a revisiones de algunas zonas de la ciudad en el mapa que el portal provee se pudo confirmar que la información es correcta y se encuentra actualizada. Por otro lado, el Instituto Geográfico Militar también tiene a disposición de la ciudadanía imágenes aéreas y ortofotos de algunas ciudades del Ecuador entre las cuales se incluye a la ciudad de Riobamba. Para el SIG que se va a implementar, se usará estas dos fuentes para obtener los mapas necesarios para la correcta visualización de los establecimientos comerciales de la ciudad de Riobamba.

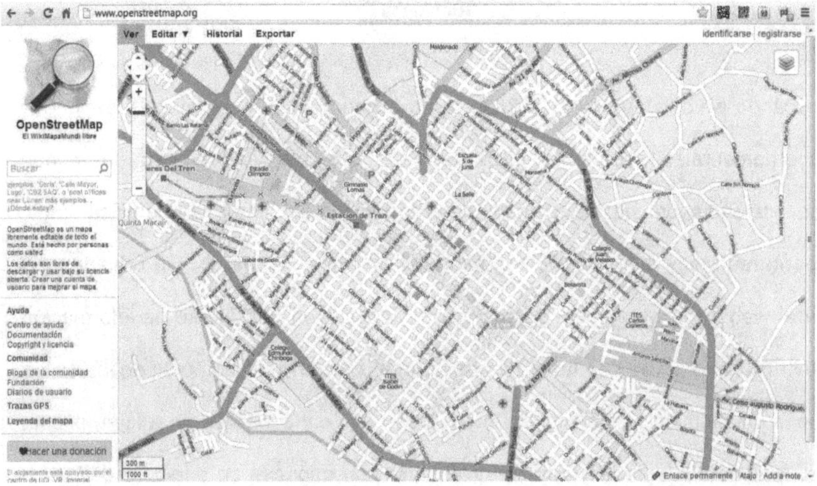

Ilustración 19 - Mapa de Riobamba obtenido del portal web http://www.openstreetmap.org

4.3. Capa de Lógica del Negocio

La capa de negocio tiene dos objetivos generales que son:

- Brindar los mecanismos necesarios para que la información espacial se pueda visualizar.
- Soportar las funciones de carga y mantenimiento sobre los datos espaciales.

Cada una de las funcionalidades mencionadas debe ser separada en módulos independientes. Los dos módulos identificados serán aislados uno de otro y sólo convergerán en la capa de datos, en específico en la base de datos espacial.

4.3.1. Módulo de Visualización de Datos

La visualización de la información geográfica se hará por parte de la ciudadanía en general. El objetivo es brindar un marco de referencia bajo el cual los habitantes de la ciudad puedan tener acceso a una fuente de datos oficial sobre el desarrollo de las actividades económicas que se desarrollan en la urbe. De esta manera, poner a disposición una plataforma para que los ciudadanos puedan realizar búsquedas de los bienes y servicios que se ofertan en la ciudad y los puedan ubicar fácilmente sobre un mapa. Se estableció que la visualización de los datos se realice a través de un geoportal.

El objetivo de tener un geoportal accesible libremente desde Internet es que los usuarios del mencionado sistema no tengan que instalar software adicional. El navegador se convertirá en la plataforma que brinda el acceso al portal web en cuestión. Por tal motivo se escogió en primer lugar una arquitectura en tres capas ya que siempre estuve latente el requerimiento de que la información sea accesible a través de Internet y la implementación de un servidor web era la opción más indicada.

En la Ilustración 20 podemos ver el flujo de información que va a recorrer la capa de negocio en el módulo de visualización. El esquema es el mismo que se bosquejó anteriormente en la propuesta de diseño y tan sólo se ha hecho una especificación sobre el software que se va a usar. El servidor que se encarga de receptar las peticiones de tipo HTTP es Apache. Éste es quien se encarga de re direccionar la petición para que alcance el archivo fuente al cual está solicitando acceso.

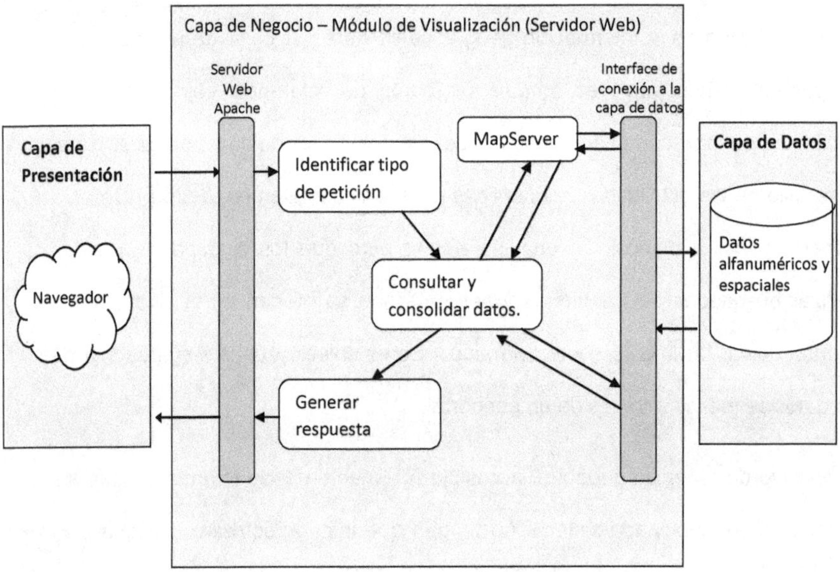

Ilustración 20 - Esquema de funcionamiento del módulo web de la capa de negocio.

El paquete de software que se utilizará es MS4W; que es una aplicación que se ejecuta sobre el sistema operativo Microsoft Windows. Básicamente se trata de un programa que se encarga de brindar un asistente que guía para los procesos de instalación y configuración de MapServer. Además, instala otros módulos necesarios para publicar a través de la web, servicios y aplicaciones que trabajan con datos espaciales. De acuerdo al sitio web bajo el cual se difunde el proyecto, el software MS4W incluye los siguientes módulos:

- Servidor HTTP Apache: servidor web que se instala para brindar acceso a través de peticiones de tipo HTTP a la información geográfica publicada.
- Intérprete de PHP: programa que se encarga de identificar y ejecutar instrucciones escritas en el lenguaje de programación PHP.
- MapServer CGI: programa externo que se encarga de la generación de imágenes con información geográfica de acuerdo a los parámetros que se le envían.
- MapScript: interface que permite trabajar con objetos propios de MapServer sin hacer uso directo del CGI.
- Soporte para conexiones a bases de datos tales como MySQL y PostgreSQL.

MapServer es una plataforma de código abierto que permite el desarrollo de aplicaciones de carácter espacial accesibles a través de la web. MapServer brinda un entorno que facilita y automatiza la publicación de la información geográfica. Es bastante versátil en este sentido ya que permite obtener datos de diversos formatos tales como: ráster, vectorial o bases de datos espaciales, unifica la información y genera una imagen como resultado. En esencia, se trata de un motor de generación de imágenes que contienen información espacial ("www.mapserver.org"). Es un producto que se encuentra desarrollado usando los lenguajes de programación C y C++. MapServer está disponible para varias plataformas incluyendo entre ellas, Linux, Windows, Mac OS, Solaris.

MapServer necesita de un archivo de extensión ".map" llamado mapfile. Este archivo es el encargado de indicar a MapServer los objetos espaciales que tienen a disposición, su ubicación y una definición de cómo éstos serán dibujados ("www.mapserver.org"). Se podría decir que se trata de un archivo de configuración en el cual a través de etiquetas propias reconocidas por MapServer se puede establecer un comportamiento básico de la información que se va a publicar. La estructura del archivo se basa en la definición de objetos que tienen parámetros que definen como se va a comportar. El archivo .map debe iniciar con la palabra clave "MAP" y en su interior debe contener la descripción de las capas que van a estar publicadas así como las características de las mismas.

Para la ejecución de este proyecto se dispondrá de tres capas de información geográfica de la ciudad de Riobamba. Dos capas de tipo ráster y una capa de tipo vectorial. Las capas de tipo ráster corresponden a las imágenes georreferenciadas de los mapas de la ciudad de Riobamba como se mencionó en el apartado correspondiente a la Capa de Datos. La capa de tipo vectorial corresponde a la información de tipo espacial que se encuentra almacenada en la base de datos PostgreSQL concerniente a la distribución de calles de la ciudad. El archivo .map contiene la definición de cada una de las capas mencionadas. En el Anexo B.1.1 /gismap/Riobamba.map se encuentra el MapFile que utiliza la aplicación. La documentación completa sobre la creación de archivos .map se la puede encontrar en la página oficial de MapServer ("http://www.mapserver.org/mapfile/index.html#mapfile").

En este proyecto se utilizará MS4W versión 3.0.1. La guía de instalación del software se encuentra en el anexo A de este documento. Las versiones de los módulos que vienen incluidos son las siguientes:

- Apache 2.2.17
- PHP 5.3.5
- MapServer CGI 5.6.6
- MapScript 5.6.6

El módulo de visualización de datos tiene como objetivo principal la unificación de la información espacial y alfanumérica para enviarla a la capa de presentación en un formato entendible por un navegador web. Dicho comportamiento es algo específico concerniente al desarrollo de este SIG de acuerdo a la situación concreta del Municipio de Riobamba. Por ende, fue necesario escribir una aplicación personalizada en donde se incluya dicho comportamiento y se lo enlace con las funciones espaciales que el software MapServer tiene a disposición.

La aplicación se escribió utilizando el lenguaje de programación PHP. MS4W incluye en la instalación del servidor web el módulo de PHP así que no se requiere la carga de ningún módulo adicional. El comportamiento que se escribió usando PHP se enfoca en solventar las siguientes peticiones por parte de la capa de presentación:

- Solicitud de la aplicación cliente que se mostrará en el navegador web.

- Solicitud de los tipos de actividades económicas soportados por la aplicación.
- Solicitud de los establecimientos comerciales correspondientes a cada tipo de actividad económica.
- Búsqueda de locales comerciales; búsqueda inicial de información alfanumérica concordante a los criterios de búsqueda y posterior enlace con información geográfica si es posible.

Para el desarrollo de esta funcionalidad se recurrió a la técnica "divide y vencerás" con el afán de dividir las tareas grandes en tareas más pequeñas y manejables. Es así que se separó en lo posible cada función mencionada en archivos fuente separados. Cada tipo de petición que puede ser solicitada desde la capa de presentación deberá ser procesada en su respectivo archivo PHP. Consideración a tomar en cuenta para el desarrollo de futura funcionalidad debido a que de esta manera se asegura que la funcionalidad anterior no va a ser modificada de manera accidental. En la Ilustración 21 se muestra el esquema final que la aplicación construida en PHP.

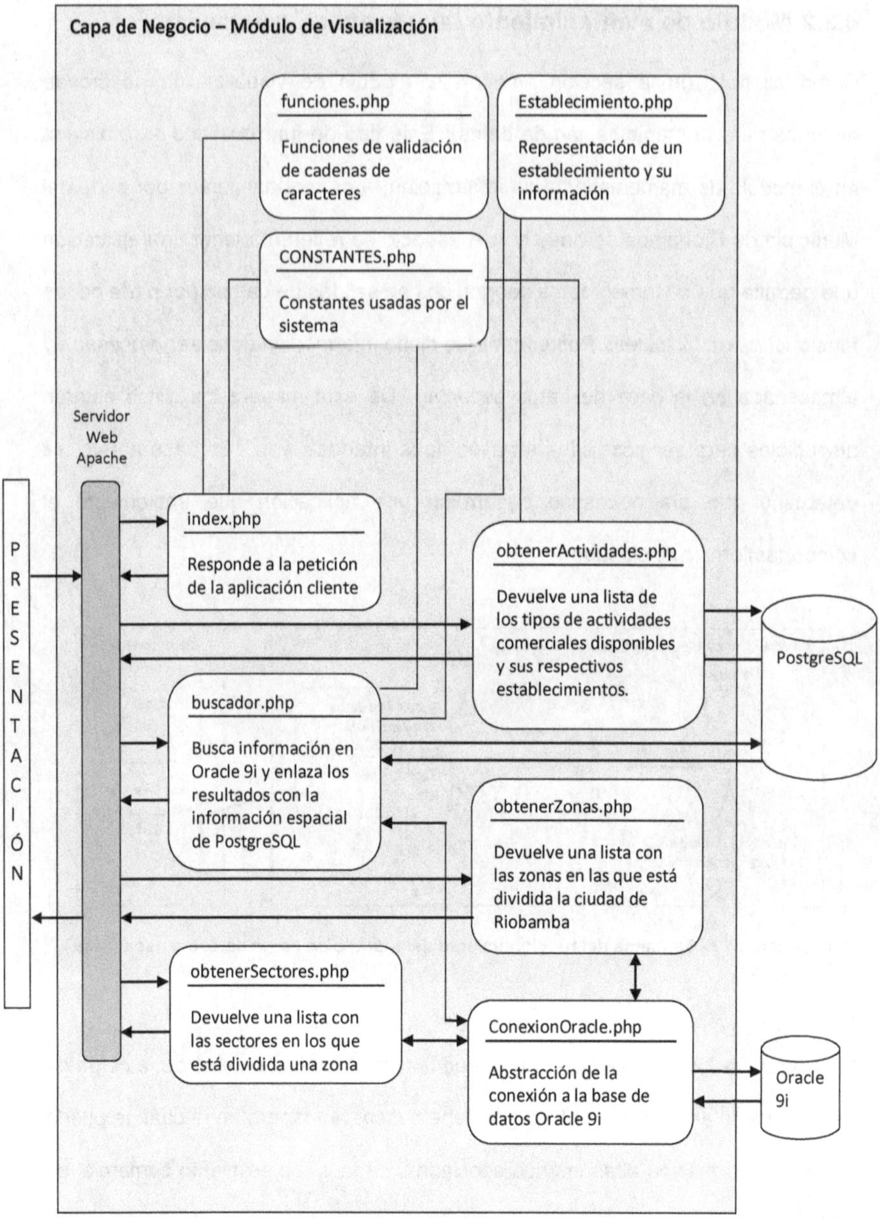

Ilustración 21 - Modelo de la aplicación desarrollada en PHP y las funciones principales de cada archivo fuente

4.3.2. Módulo de mantenimiento de información espacial

Como se notó en la sección anterior, el módulo de visualización no provee métodos para la manipulación de datos. Este tipo de funcionalidad será aislada en el módulo de mantenimiento de información. Los requerimientos por parte del Municipio de Riobamba en base a este aspecto se refieren a tener una aplicación que permita que se tomen datos geográficos en salidas de campo por parte de los funcionarios municipales. Posteriormente dicha información debe ser procesada y almacenada en la base de datos espacial. De esta manera los datos estarán disponibles para ser accedidos a través de la interface web. En base a esto, se determinó que era necesario desarrollar una aplicación que implemente el comportamiento mencionado.

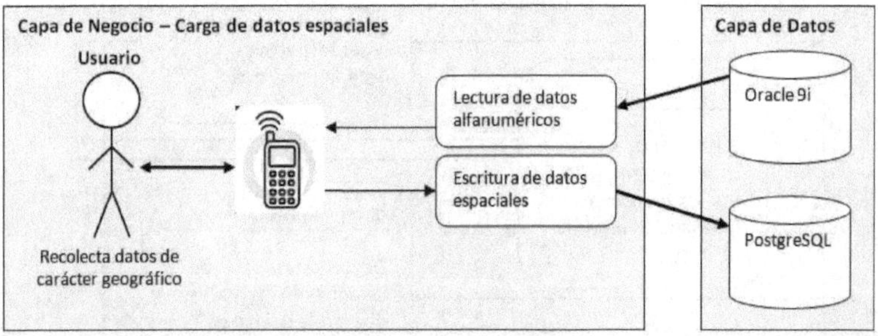

Ilustración 22 - Esquema del funcionamiento del módulo de carga de datos espaciales.

La Ilustración 22 muestra el esquema que tendrá el funcionamiento de la carga de datos espaciales. En primer lugar se debe buscar la manera en la cual se pueda cargar la información alfanumérica asociada a cada establecimiento comercial en el dispositivo móvil. El dispositivo móvil deberá tomar la información alfanumérica y añadir las coordenadas geográficas que el GPS marque en la ubicación física del local en cuestión. Finalmente la información espacial recolectada debe ser persistida en la base de datos PostgreSQL.

En la actualidad, el uso de teléfonos celulares inteligentes y tablets ha crecido de manera acelerada. Cada día estos tipos de dispositivos incluyen más funciones a precios más accesibles. La mayoría de teléfonos inteligentes incluyen un sensor GPS que es utilizado para labores de localización. La solución propuesta es hacer uso de este tipo de dispositivos para las labores de localización geográfica de los locales comerciales de la ciudad. En específico la construcción de una aplicación de captura de coordenadas geográficas que se pueda ejecutar en dispositivos que poseen sistema operativo Android.

Se ha escogido Android como plataforma para el desarrollo de la aplicación en base a dos criterios:

- El crecimiento y difusión de dispositivos móviles que utilizan el sistema operativo Android ha alcanzado niveles sin precedentes ocupando una amplia mayoría sobre los demás sistemas móviles. En el año 2012 la cuota de mercado que se encuentra cubierta por Android llega al 72.4% en el mundo. Siendo muy superior sobre inmediato seguidor iOS que tan sólo llega a tener un 13.9% (Gartner. Internet).
- Existe total libertad de instalar aplicaciones propias y hacer uso de todas las funcionalidades que el sistema operativo Android pone a disposición.

Por otro lado, se debe proveer un método a través del cual se pueda cargar información proveniente de la base de datos Oracle en el dispositivo móvil. En la aplicación móvil se mostrará la información alfanumérica del establecimiento comercial. Al realizar la tarea de ubicación y captura de datos geográficos la información espacial es añadida a la información alfanumérica. En conjunto con la aplicación móvil se desarrollará una aplicación de escritorio que cumplirá funciones de intermediación entre las bases de datos y la aplicación móvil. Esta aplicación se conectará a la base de datos Oracle para obtener las tuplas solicitadas para ser cargadas en la aplicación móvil. Esta información recuperada desde la base de datos será convertida a formato XML para que pueda ser portada y leído por la aplicación móvil. Quedando como resultado el esquema que se muestra en la Ilustración 23. El programa de escritorio será desarrollado en lenguaje de programación Java.

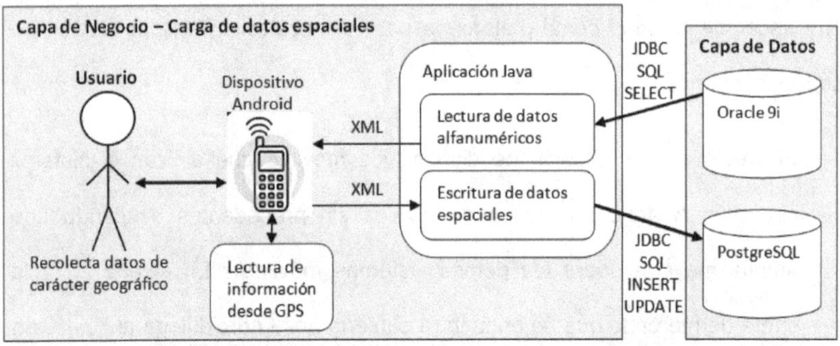

Ilustración 23 - Esquema final que tendrá el módulo de carga de información espacial.

El intercambio de información entre la aplicación de escritorio y la aplicación móvil será a través de ficheros de tipo XML (EXtensible Markup Language). XML es un estándar para el intercambio y transporte de información entre sistemas heterogéneos (www.w3schools.com). Con este tipo de documento se puede representar cualquier tipo de objeto en un formato que es entendible tanto para humanos como para máquinas. Por tal motivo, es un formato adecuado para enviar información desde la aplicación de escritorio a la móvil y viceversa. A continuación se explica a detalle la implementación de todos los componentes del módulo de mantenimiento y la forma de comunicación entre cada componente.

4.3.2.1. Intercambio de Información a través de archivos XML

La aplicación de escritorio deberá enviar a la móvil información alfanumérica correspondiente a cada establecimiento del cual se va a levantar información geográfica. Se escogió el formato XML debido a que es un formato interoperable. Es decir, la información contenida en el documento es accesible independientemente de la plataforma en la cual se lo quiera leer. Además, se evita que las aplicaciones estén estrechamente ligadas y a futuro se puede modificar o reescribir las aplicaciones y el sistema será capaz de adaptarse a los cambios debido a que la estructura interna de los ficheros XML no deberá ser afectada. Los datos que la aplicación de escritorio toma desde la base Oracle 9i para enviar a la aplicación móvil son:

- Identificador de establecimiento: corresponde a la clave primaria de la tabla REN05 de la base de datos Oracle 9i. Este campo sirve para identificar de manera única cada establecimiento dentro de dicha base de datos y tiene el mismo propósito al transferir dichos datos en formato XML.
- Nombre del establecimiento: corresponde al nombre comercial a través del cual se identifica comúnmente a un local comercial.
- Dirección: las calles en la cual se ubica el establecimiento comercial.
- Contribuyente: nombre del contribuyente que funge las funciones de representante legal del establecimiento.

- Tipo de actividad comercial: es la categoría a la cual corresponde el establecimiento.

Por otro lado de regreso, desde la aplicación móvil hacia la aplicación de escritorio, se enviará además dos datos adicionales:

- Latitud: corresponde a la coordenada latitud obtenida con el sensor GPS.
- Longitud: corresponde a la coordenada longitud obtenida con el sensor GPS.

El formato de los archivos XML que servirán para la transferencia de información fue pensado para facilitar el uso de las dos aplicaciones mencionadas. Asimismo, para que sea un formato versátil que se acople fácilmente a los requerimientos por parte de la entidad municipal de la ciudad de Riobamba en lo que se refiere a las aplicaciones que se desarrollarán. El esquema que se escoja deberá ser respetado para el correcto funcionamiento de las aplicaciones; sin embargo, el modelo de datos es extensible y si puede añadir información adicional a la básica especificada inicialmente en este proyecto. Para conocer el formato que los archivos deberán tener, se escribieron archivos de tipo DTD (Document Type Definition) cuyo objetivo es validar la estructura de un documento XML.

El archivo DTD que se encarga de validar la estructura de los archivos que se envían desde el programa java de escritorio se lo puede observar en la Ilustración 24. Un ejemplo de un fichero XML que la aplicación móvil es capaz de leer se encuentra en la Ilustración 25. La estructura que el archivo debe tener para que la aplicación móvil la pueda interpretar de manera adecuada se enumera de manera explícita en la siguiente lista.

- La etiqueta inicial y que contiene a todos los elementos del documento es: "Actividad".
- Dentro de una "Actividad" debe haber por lo menos una estructura de etiqueta "Establecimiento", pudiendo ser más de una dentro de la misma actividad.
- La etiqueta "Actividad" debe incluir de manera obligatoria los atributos "zona", "sector" y "categoria".
- La etiqueta "Establecimiento" debe estar contenida siempre dentro de una etiqueta "Actividad".
- La etiqueta "Establecimiento" puede contener en su interior elementos con las etiquetas: "nombre", "direccion", "contribuyente".
- La etiqueta "Establecimiento" tiene el atributo "id" que es requerido.
- Las etiquetas "nombre", "contribuyente" y "dirección" tienen contenido de tipo texto.

```
<!ELEMENT Actividad ( Establecimiento+ ) >
<!ATTLIST Actividad categoria CDATA #REQUIRED >
<!ATTLIST Actividad sector NMTOKEN #REQUIRED >
<!ATTLIST Actividad zona NMTOKEN #REQUIRED >

<!ELEMENT Establecimiento ( nombre, direccion, contribuyente ) >
<!ATTLIST Establecimiento id NMTOKEN #REQUIRED >

<!ELEMENT contribuyente ( #PCDATA ) >

<!ELEMENT direccion ( #PCDATA ) >

<!ELEMENT nombre ( #PCDATA ) >

```

Ilustración 24 - Documento DTD usado para validar la estructura de los archivos XML que serán enviados a la aplicación móvil.

```xml
<?xml version="1.0" encoding="UTF-8"?>
<Actividad zona="01" sector="02" categoria="INSTITUCION DE AHORRO Y CREDITO">
  <Establecimiento id="8522">
    <nombre>COOP. DE A Y C. UNION FERROVIARIA ECUATORIANA LTDA</nombre>
    <direccion>AV. DANIEL LEON BORJA y VARGAS TORRES</direccion>
    <contribuyente>COOPERATIVA DE AHORRO Y C. UNION FERROVIAR IA ECUAT. LTDA.</contribuyente>
  </Establecimiento>
  <Establecimiento id="8573">
    <nombre>COOPERATIVA RIOBAMBA LTDA.</nombre>
    <direccion>COLON CRISTOBAL y DIEZ DE AGOSTO</direccion>
    <contribuyente>COOPERATIVA DE AHORRO Y CREDITO RIOBAMBA LTDA.</contribuyente>
  </Establecimiento>
  <Establecimiento id="7333">
    <nombre>(EXENTO PAGO ACTVOS TOTALES)</nombre>
    <direccion>ESPAÑA y JUNIN</direccion>
    <contribuyente>COOPERATIVA DE AHORRO CREDITO ACCION RURAL LT</contribuyente>
  </Establecimiento>
  <Establecimiento id="8772">
    <nombre>COOPERATIVA DE AHORRO Y CREDITO 29 DE OCTUBRE LTDA</nombre>
    <direccion>ESPAÑA y DIEZ DE AGOSTO</direccion>
    <contribuyente>COOPERATIVA AHORRO Y CREDIT CREDITO 29 DE OCTUBRE</contribuyente>
  </Establecimiento>
</Actividad>
```

Ilustración 25 - Ejemplo de un archivo XML para intercambio de información entre la aplicación de escritorio y la aplicación móvil

Un punto que requiere una explicación adicional es el referente a los atributos que deben ir de forma obligatoria en la etiqueta “Actividad”. Estos atributos se utilizan con el fin de agrupar establecimientos comerciales en los cuales estos tres campos sean iguales. De esta manera se busca que la cantidad de archivos se reduzca. El atributo “categoria” se utiliza para especificar que el archivo XML contiene solamente establecimientos comerciales que se encuentra dentro de un tipo determinado de actividad comercial. En el ejemplo mostrado en la Ilustración 25 el campo “categoria” es igual a “INSTITUCION DE AHORRO Y CREDITO”. Es decir que los establecimientos que irán al interior de este archivo sólo podrán ser aquellos que correspondan a este tipo de actividad comercial registrada en el sistema de patentes del Municipio de Riobamba. Los otros campos “zona” y “sector” requieren de una explicación adicional acerca del funcionamiento del módulo de patentes.

Para identificar un local comercial, los funcionarios del Municipio de Riobamba cuentan con información codificada que describe la ubicación aproximada de un predio dentro de la ciudad. Este dato se lo puede encontrar en la clave catastral que cada predio dispone. Este dato se encuentra accesible en la tabla REN05 en el campo PUR01PRED. La clave catastral está conformada por una cadena de 16 dígitos. El significado de los dígitos que conforman una clave catastral se los puede encontrar en la Tabla 6. Además, en la Ilustración 26 se puede visualizar de manera más explicativa la forma en la cual se estructura una clave catastral en la ciudad de Riobamba tomando en cuenta las consideraciones mencionadas.

Posiciones	**Significado**
1 - 4	Identifica si los predios que se encuentran dentro de la zona urbana o la zona rural de la ciudad.
5 - 6	Zona en la cual se encuentra el predio.
7 – 8	Sector en el cual se encuentra el predio.
9 – 12	Manzana en la cual se encuentra el predio.
13 – 16	Número de predio dentro de una manzana.

Tabla 6 - Tabla descriptiva del significado de los dígitos que conforman una clave catastral.

Urbano o Rural				Zona		Sector		Manzana				Predio			
1	2	3	4	5	6	7	8	9	10	11	12	13	14	15	16
0	0	0	1	0	1	0	1	0	2	6	0	0	1	0	0

Ilustración 26 - Ejemplo de una clave catastral de la ciudad de Riobamba y su significado

En el documento XML, la etiqueta "Actividad" necesita que se especifique los atributos "zona" y "sector". Estos atributos corresponden a los mencionados en la explicación de la representación de una clave catastral. Estos campos se incluyen para que la lista de establecimientos comerciales sea de más fácil manejo por parte de la aplicación móvil. Al incluir los campos de zona, sector y actividad comercial se reduce el número de establecimientos comerciales que se incluyen en cada lista y a su vez facilita la agrupación de los mismo de acuerdo a su ubicación geográfica dentro de la ciudad.

Por otro lado, la aplicación de escritorio también debe recibir un archivo XML que contenga la información geográfica recolectada, la interprete y la guarde en la base de datos PostgreSQL. El archivo DTD que sirve para validar la estructura del documento que la aplicación puede interpretar se encuentra en la Ilustración 27. Un ejemplo de un archivo que cumple con las indicaciones que provee el DTD se encuentra en la Ilustración 28. A continuación, se amplía la explicación del formato de debe tener este archivo XML.

- La etiqueta inicial que contiene a los demás elementos es "Establecimiento".
- La etiqueta "Establecimiento" tiene como atributo el campo id que corresponde al identificador único de patente de cada establecimiento comercial. Este atributo es obligatorio.
- La etiqueta "Establecimiento" debe tener tan sólo un elemento con las siguientes etiquetas: "nombre", "direccion", "latitud", "longitud", "precision".
- Las etiquetas "nombre", "direccion", "latitud", "longitud" y "precision" tienen contenido de tipo texto.

```
<!ELEMENT Establecimiento ( nombre, direccion, latitud, longitud, precision ) >
<!ATTLIST Establecimiento id NMTOKEN #REQUIRED >

<!ELEMENT direccion ( #PCDATA ) >

<!ELEMENT latitud ( #PCDATA ) >

<!ELEMENT longitud ( #PCDATA ) >

<!ELEMENT nombre ( #PCDATA ) >

<!ELEMENT precision ( #PCDATA ) >
```

Ilustración 27 - Archivo DTD que valida la estructura del documento XML que la aplicación de escritorio puede interpretar

```
<?xml version='1.0' encoding='UTF-8' standalone='yes' ?>
    <Establecimiento id="941">
        <nombre>HOTEL SAN PEDRO DE RIOBAMBA</nombre>
        <direccion>AV. DANIEL LEON BORJA y JUAN MONTALVO</direccion>
        <latitud>-1.670145975835942</latitud>
        <longitud>-78.65185279380796</longitud>
        <precision>8.0</precision>
    </Establecimiento>
```

Ilustración 28 - Ejemplo de documento XML que la aplicación de escritorio puede interpretar y almacenar en la base de datos PostgreSQL

Las etiquetas que conforman el archivo XML tienen nombres que facilitan su fácil interpretación por parte de los usuarios. Los elementos "nombre", "direccion", "latitud" y "longitud" no necesitan mayor explicación. No obstante, el elemento de etiqueta "precision" no ha sido mencionado aún. Este elemento representa la precisión de la información captada con el sensor GPS del dispositivo móvil. Este dato es un número cuya medida se expresa en metros.

4.3.2.2. Aplicación Móvil

La aplicación móvil tiene como tarea ser el medio a través del cual se facilite la labor de recolección de información geográfica en salidas de campo. Tal como se mencionó anteriormente la aplicación que se desarrollará será compatible con teléfonos celulares y tablets electrónicas que cumplan con las siguientes características:

- Que su sistema operativo sea Android.
- Que incluyan como elemento de hardware un sensor GPS.

Para el desarrollo de la aplicación se utilizará el API que Google pone a disposición a los desarrolladores de aplicaciones que corren sobre el sistema operativo Android. El lenguaje de programación en el cual se trabajará será Java. El desarrollo de una aplicación para Android requiere que se entienda la estructura interna necesaria que la misma debe tener y el ciclo de vida que una aplicación tiene al ser ejecutada. Aunque el lenguaje de programación Java es el que se utiliza para el desarrollo de aplicaciones Android, cabe recalcar que no todas las funciones que Java ofrece se encuentran disponibles en el API de desarrollo de Android.

La aplicación que se implementará toma en cuenta las recomendaciones de los funcionarios del Departamento de Sistemas del Municipio de Riobamba. Los requerimientos con respecto a la aplicación móvil son los siguientes:

- Mostrar la información alfanumérica de cada establecimiento comercial. La información debe ser tomada de la base de datos Oracle 9i, en específico de las tablas REN05 y REN21.
- Agrupar los establecimientos comerciales de acuerdo a zona y sector en el cual se encuentran.

- Permitir búsquedas dentro de establecimientos comerciales de acuerdo al nombre de local o nombre de contribuyente.
- Capturar información concerniente a la latitud y longitud a través del sensor GPS.
- Guardar la información en un fichero XML.

La aplicación tendrá ciertos requerimientos para que la misma tenga un funcionamiento adecuado. La aplicación será compatible con los dispositivos Android cuya versión de sistema operativo pueda ejecutar código correspondiente al API de desarrollo versión 7 o superior. En lo que concierne a permisos sobre el dispositivo la aplicación solicitará acceso de escritura sobre la tarjeta de memoria externa y acceso para poder leer la información proveniente desde el sensor GPS del dispositivo.

La aplicación se desarrolló tomando en cuenta lo solicitado y buscando solventar los requerimientos de manera puntual. Los usuarios que harán uso de la aplicación son los funcionarios del Departamento de Patentes como se muestra en el Anexo F.4. El flujo que sigue la aplicación se muestra en la Ilustración 37 y se explica a continuación.

- Una vez la aplicación es iniciada aparecerá una lista que corresponde a la lista de zonas disponibles leídas desde los archivos XML disponibles en la carpeta "Riobamba" que debe ser creada en la tarjeta de memoria. La pantalla que se muestra corresponde a la actividad GPSRiobambaActivity. En la Ilustración 29 se muestra una captura de pantalla de la actividad descrita. La pantalla consta de una lista en dónde se mostrarán las zonas leídas.

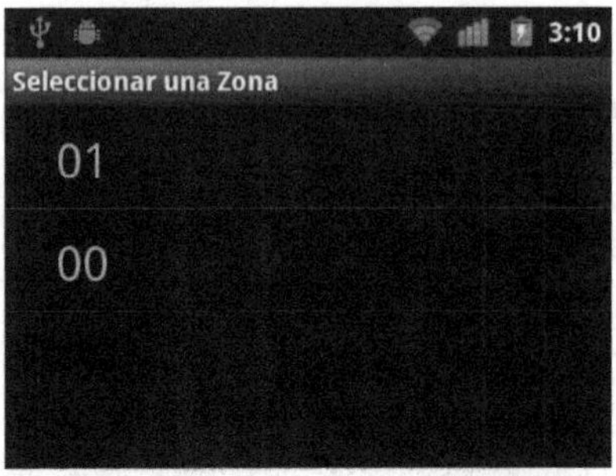

Ilustración 29 - Captura de pantalla de la actividad "GPSRiobambaActivity"

- Al seleccionar una zona, se inicia la actividad SectorActivity en dónde tomando en cuenta la zona escogida, mostrará una lista con los sectores disponibles. En la Ilustración 30 podemos ver una captura de pantalla con la lista de sectores disponibles.

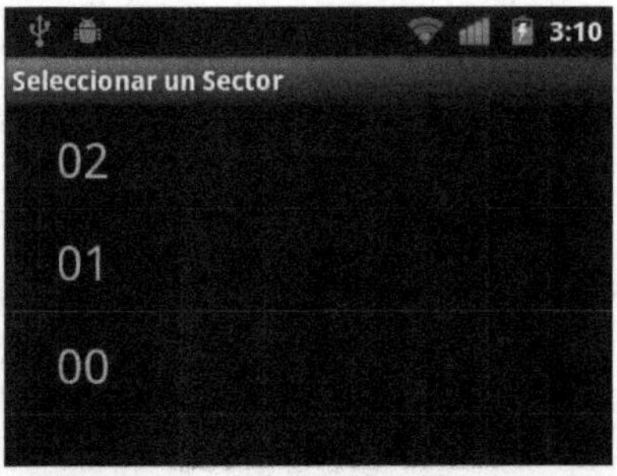

Ilustración 30 - Captura de pantalla de la actividad "SectorActivity"

- Luego de seleccionar una zona se llama a la actividad CategoriaActivity. En esta pantalla se mostrará la lista de tipos de actividades comerciales que se encuentran disponibles para la zona y sector previamente seleccionados. En la Ilustración 31 se muestra la captura de pantalla de la actividad correspondiente.

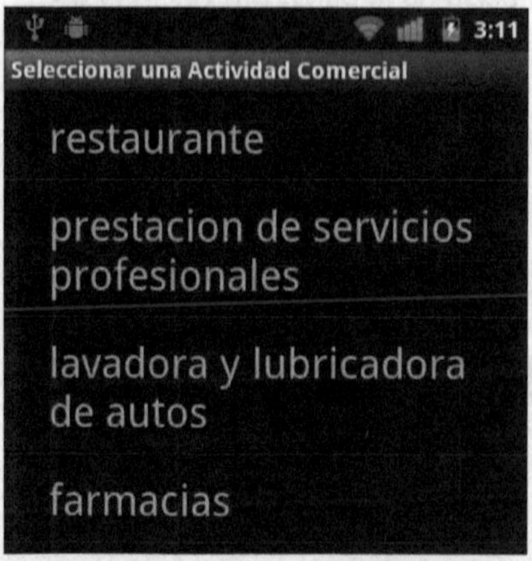

Ilustración 31 - Captura de pantalla de la actividad "CategoriaActivity"

- Si se selecciona uno de los elementos de la lista se avanza a la actividad EstablecimientoActiviy cuya pantalla corresponde a la Ilustración 32 es una lista de los establecimientos comerciales disponibles para los filtros escogidos en las pantallas anteriores.

Ilustración 32 - Captura de pantalla de la actividad "EstablecimientosActivity"

- Si se presiona el botón buscar con el cual cuentan los dispositivos Android pasamos a la actividad BuscadorActivity. Como se muestra en la Ilustración 33 la pantalla muestra la opción de introducir texto que va a ser buscado dentro de los establecimientos comerciales disponibles en los ficheros XML cargados. Al concluir la búsqueda aparecerá una lista de resultados. La pantalla mostrada en la Ilustración 34 corresponde a la actividad ResultadosActivity.

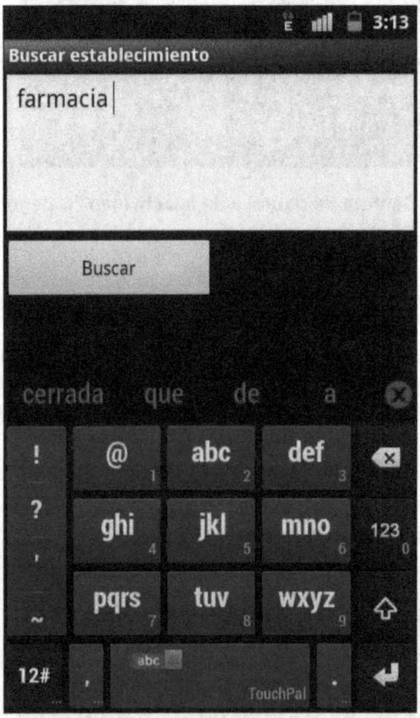

Ilustración 33 - Captura de pantalla de la actividad "BuscadorActivity"

Ilustración 34 - Captura de pantalla de la actividad "ResultadosActivity"

- La pantalla en la cual finalmente se muestra la información de cada establecimiento comercial es la que corresponde a la actividad GuardarInformacionActivity que se muestra en la Ilustración 35. En esta actividad se tienen dos botones en la zona inferior. El botón con la etiqueta “Capturar Información” se encarga de activar el acceso al GPS para capturar la información de latitud y longitud del punto sobre el cual se localiza en ese momento el dispositivo. Una vez capturada la información los campos que aparecen vacíos en la Ilustración 35 con las etiquetas “Latitud”, “Longitud” y “Precisión” se llenan con la información recogida tal como se muestra en la Ilustración 36. Además, se habilita el botón con la etiqueta “Guardar”. Al seleccionar dicho botón la información es convertida en un documento XML que se almacena en la ubicación /Riobamba/archivos. Para que la información sea finalmente persistida en la base de datos espacial, se debe tomar todos los archivos generados y cargarlos en el módulo correspondiente a dicha tarea en la aplicación de escritorio que se presentará en la próxima sección.

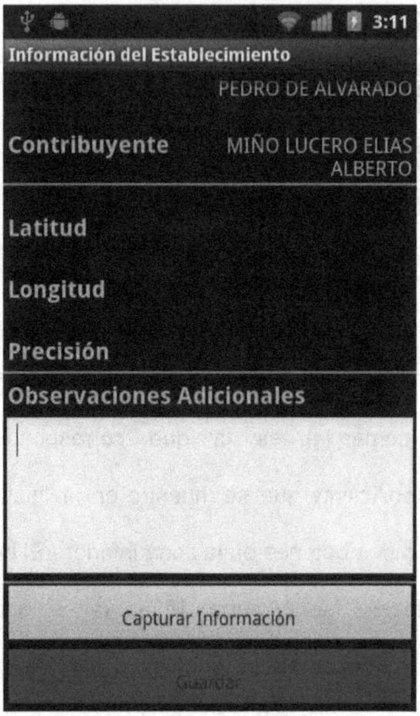

Ilustración 35 - Captura de pantalla de la actividad "GuardarInformacionActivity"

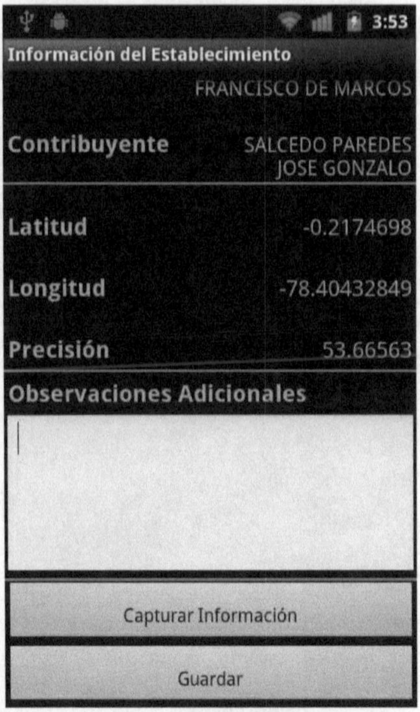

Ilustración 36 - Captura de pantalla de la actividad "GuardarInformacionActivity" después de capturar la información geográfica

Para una visualización del flujo que tiene la ejecución de la aplicación móvil la Ilustración 37 presenta el sentido que sigue la información al interior de la aplicación. La ejecución como ya se indicó se inicia en la actividad GPSRiobambaActivity y desde este punto de inicio las demás actividades son llamadas en el orden especificado. Para una revisión más detallada de la aplicación se puede revisar el Anexo C.1 Aplicación móvil para dispositivos con Android. En el anexo se encuentra la información técnica de las clases implementadas, sus métodos y variables. Además, de información relacionada al proyecto para su futuro mantenimiento y extensión. En cuanto al manual de usuario para la aplicación, este puede ser encontrado en el Anexo D.3.

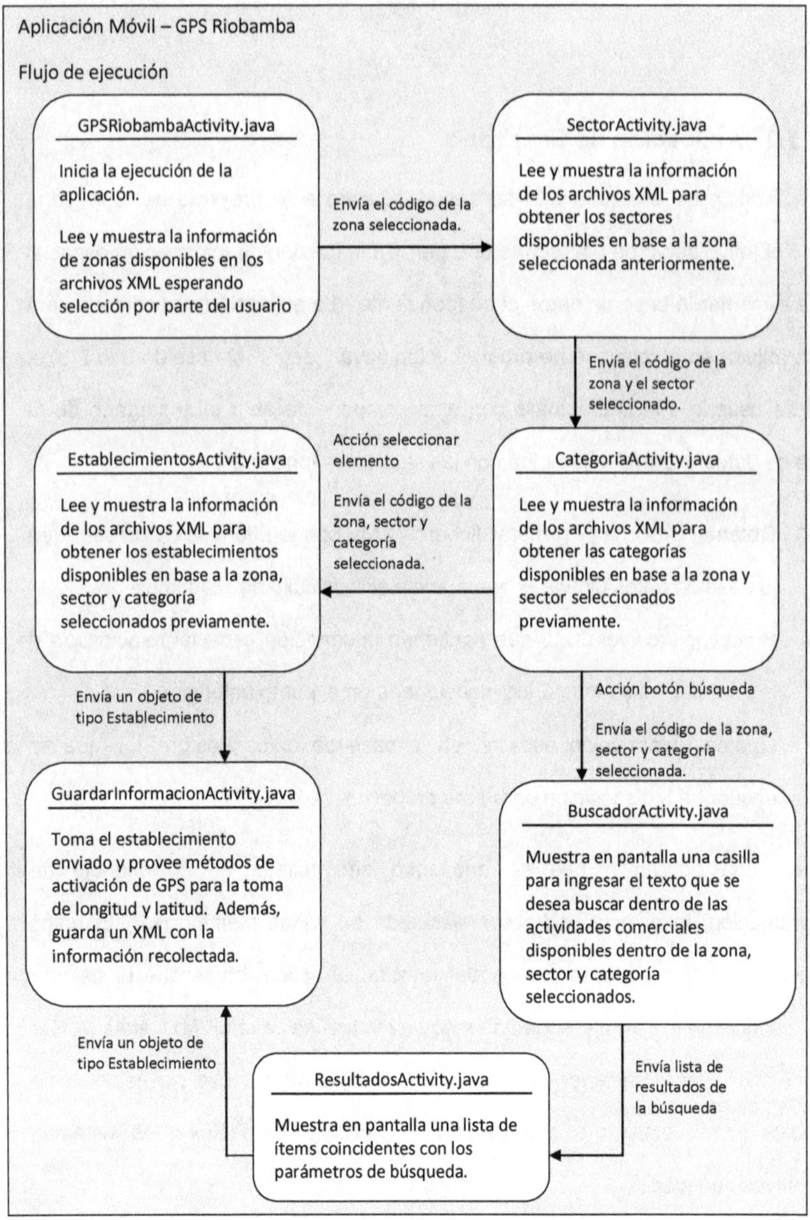

Ilustración 37 - Flujo de información en la aplicación móvil

4.3.2.3. Aplicación de Escritorio

La aplicación de escritorio que se desarrolló para este proyecto de tesis tiene como objetivo servir de plataforma que permita la gestión de información espacial para alimentar la base de datos correspondiente. La aplicación de escritorio será desarrollada en el lenguaje de programación Java. Según el caso de uso F.3. el tipo de usuario que interactuará con este componente será el encargado de la base de datos espacial y cumplirá con las siguientes funciones:

- Obtener, procesar y generar ficheros XML con la información presente en la base de datos Oracle 9i que maneja el Municipio de Riobamba.
- Procesar archivos XML que contienen información espacial relacionada a la información alfanumérica mencionada en el punto anterior.
- Guardar información espacial en la base de datos PostgreSQL que se encuentra a disposición para este propósito.

Al ser una aplicación que se encuentra desarrollada en el lenguaje de programación Java, ésta podrá ser ejecutada en varias plataformas. El único requerimiento que necesita para poder levantar la aplicación es que el sistema sobre el cual se lo ejecute tenga una máquina virtual de Java (JVM) instalada. De esta manera se logra tener una aplicación multiplataforma que no necesita de cambios en su estructura original para ser trasladada a diferentes sistemas operativos huésped.

El desarrollo de la aplicación estuvo enfocado a dar un conjunto de métodos que cumplan con las funciones mínimas especificadas para este módulo. Se podría decir que la aplicación está encargada de ser un punto de consolidación de información alfanumérica y espacial. Debido a que la aplicación tendrá la capacidad de conectarse a las dos bases de datos que tiene a disposición de manera simultánea. La aplicación se encargará de gestionar el vínculo lógico que existirá entre la tabla REN05 de la base de datos Oracle 9i y las tablas correspondientes a las actividades comerciales que se almacenarán en la base de datos PostgreSQL. Como se mencionó en la sección correspondiente a la capa de datos, la clave primaria de las tablas de actividades comerciales será la misma que la clave primaria correspondiente a cada establecimiento comercial de la tabla REN05.

El programa tiene dos modos de funcionamiento que son:

- Leer información alfanumérica y escribir ficheros XML relacionados: según lo solicitado por los funcionarios municipales, la aplicación debía leer la información concerniente a los datos básicos que un establecimiento tiene almacenado en el módulo de patentes. Posteriormente dicha información debe ser interpretada y escrita en archivos XML que guardan el formato especificado en la sección 4.3.2.1. Como se explicó, la información que está al interior de cada documento XML debe corresponder a una misma zona, sector y actividad económica. Por tal motivo la aplicación tendrá la capacidad de permitir escoger la información que cumple con estos filtros para poder ser convertida a un formato XML que sea entendible por la aplicación móvil.

- Leer archivos XML y escribir información espacial en la base de datos PostgreSQL: los datos recolectados a través de la aplicación móvil deben ser cargados en la aplicación de escritorio. La misma que se encargará de abrir, interpretar, convertir y almacenar la información espacial que se encuentre.

La aplicación consta de una pantalla principal que se muestra apenas al iniciar la ejecución del programa (véase Ilustración 38). En esta pantalla principal, de inicio no se pueden ejecutar acciones debido a que el sistema no se conecta aún a ninguna de las fuentes de datos. El menú es el único elemento que se encuentra habilitado y es en dónde se pueden ejecutar las primeras acciones para el funcionamiento del programa. Para tener acceso a las demás funciones que pone a disposición la aplicación se requiere que se establezca una conexión con cada una de las bases de datos involucradas en el sistema.

Ilustración 38- Pantalla inicial de la aplicación de escritorio SIG Riobamba

El funcionamiento de la aplicación se encuentra detallado en el Anexo D.2. Mientras que el proceso de instalación y configuración se encuentra explicado en el Anexo A.1 Instalación de SIG Riobamba.

4.4. Capa de Presentación

La capa de presentación es aquella encargada de mostrar de manera agradable la información solicitada por parte del usuario del sistema. Además, se encarga de ser el medio a través del cual el usuario interactúa con la capa de negocio del sistema. La capa de presentación de este sistema está compuesta únicamente por documentos de tipo HTML que es interpretado por el navegador web para finalmente mostrar un contenido visual entendible por las personas. La tecnología que se usará para la construcción de este geoportal consistirá en HTML, Javascript y CSS.

Se ha escogido la librería Mapfish Client que es un cliente ligero escrito en Javascript que sirve para la visualización de datos geográficos en un ambiente web. MapFish hace a su vez uso de otras librerías Javascript que se especializan en el tratamiento de información geográfica en ambientes web. En concreto, se usan las librerías OpenLayers, ExtJS y GeoExt. Mapfish Client se encarga de acoplar todas estas tecnologías y poner a disposición las funciones necesarias para que los programadores puedan usarlas a través de una interface única (GeoWeb Guru, Internet).

OpenLayers es una librería que ayuda a mostrar mapas dinámicos a través de la web. Es la librería que se encarga de hacer las peticiones correspondientes a los servidores de mapas sobre la información que se quiere desplegar. Su gran versatilidad a la hora de crear mapas permite que se pueda emular portales web con las características de Google Maps. Por ejemplo, permite funciones de zoom, desplazamiento a través de los mapas y ubicación de marcadores personalizados sobre los mapas.

La librería ExtJS tiene un sinnúmero de componentes y controles que facilitan el uso de los mapas por parte de los clientes. Se acopla sobre los mapas que se generan con OpenLayers y ayuda a que tengan una apariencia más intuitiva para el usuario. Esta librería se centra en la apariencia del sitio web y que la misma sea estándar en los diferentes navegadores que existen en el mercado.

La librería GeoExt es aquella librería que brinda clases adicionales para la creación de mapas con OpenLayers y ExtJS. Su característica más notable es que permite que sobre un panel creado con ExtJS se pueda anclar un panel que contenga un mapa generado con OpenLayers. Es la librería que permite enlazar ExtJS y OpenLayers.

Uno de los inconvenientes que presenta la distribución de productos a través de navegadores web es que existen incompatibilidades entre los diferentes navegadores existentes en el mercado. Aunque existe un conjunto de estándares que dictan las normas que los navegadores deben seguir para interpretar el código HTML, Javascript y CSS, no todos los navegadores siguen estas reglas e incluyen funcionamiento personalizado. Esto ocasiona que muchas veces el código escrito se comporte de manera distinta en distintos navegadores.

El objetivo de tener una aplicación web es que se pueda usar desde cualquier navegador web sin importar de cual proveedor sea y que la aplicación responda de la misma manera. Así se evita que el usuario tenga que instalar software adicional y la distribución del producto sea más fácil y efectiva. Sin embargo, los problemas de compatibilidad de navegadores pueden generar problemas realmente frustrantes al desarrollar una aplicación de este tipo.

No obstante, para solventar estos inconvenientes en el mercado se encuentran varios productos que crean una capa de abstracción entre los navegadores y los desarrolladores. Estas librerías se encargan de tratar con las peculiaridades de cada navegador y brindan a los desarrolladores un conjunto de funciones de más alto nivel que se comporta de igual manera en todos los navegadores.

En este portal web dicha función está encomendada a la librería ExtJS. El objetivo que tiene esta librería es que los desarrolladores tengan a su disposición las funciones necesarias para crear aplicaciones web que se asemejen a las aplicaciones de escritorio que típicamente copaban el mercado. Además, de abstraer al desarrollador de los detalles propios de cada navegador para hacer que el código desarrollado usando esta librería se comporte de igual manera en cualquier navegador y cualquier sistema operativo.

En la Ilustración 39 tenemos una captura de pantalla del portal web en cuestión. El tipo de actor que interactúa con las funciones del portal web es: Usuario del Geoportal tal como se muestra en el Anexo F.1. La página web creada tiene tres componentes claramente identificables. En la zona izquierda el componente correspondiente a la visibilidad de las capas que se muestran en el mapa y la lista de actividades económicas que están disponibles para labores de ubicación sobre el mapa de la ciudad. En la zona central se ubica la representación geográfica de la ciudad de Riobamba a través de un mapa y marcadores que se ubican para determinar la posición en la cual se encuentra cada establecimiento comercial dentro del perímetro de la urbe. Por último, en la zona derecha se ubica un componente que se utiliza para realizar búsquedas dentro del sistema de patentes. A continuación se explica las funciones que cumple cada uno de los componentes mencionados. Asimismo la forma en la cual los usuarios pueden interactuar con cada uno de ellos y los resultados que se puede obtener.

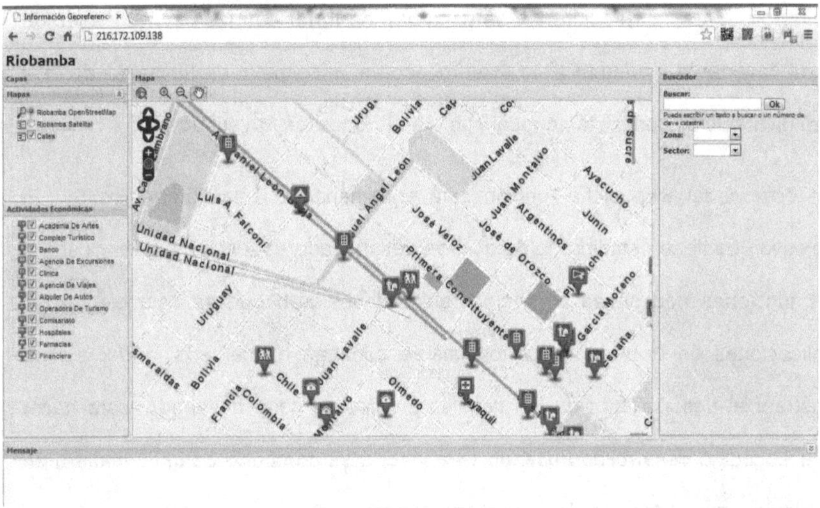

Ilustración 39 - Geoportal del sistema de patentes de la ciudad de Riobamba

4.4.1. Componente Capas

Se encuentra en la zona izquierda de la pantalla como se puede identificar en la Ilustración 39. Se encarga de determinar el tipo de capas que se harán visibles en el mapa generado. Tiene dos opciones, una en la parte izquierda superior destinada a determinar el tipo de mapa que se quiere observar y el segundo en la parte izquierda inferior destinado a fijar el tipo de actividades económicas se quiere observar sobre el mapa.

4.4.1.1. Mapas

Este componente se ubica en la zona izquierda superior. Su función es brindar al usuario la posibilidad de escoger el tipo de mapa que quiere que se presenten en la sección central. Además, tiene la opción de mostrar o no los nombres de las calles de la ciudad. En la Ilustración 40 e Ilustración 41 se muestra las opciones que se tiene disponibles para la visualización. En la sección 4.2.3 se indicó que la capa de datos con respecto a imágenes para generar mapas estaba compuesta por dos imágenes georreferenciadas de la ciudad de Riobamba. Estos dos tipos de mapas pueden ser escogidos desde esta opción del geoportal. En la Ilustración 43 e Ilustración 44 se muestra una comparación de los mapas que se generan al escoger las capas mencionadas.

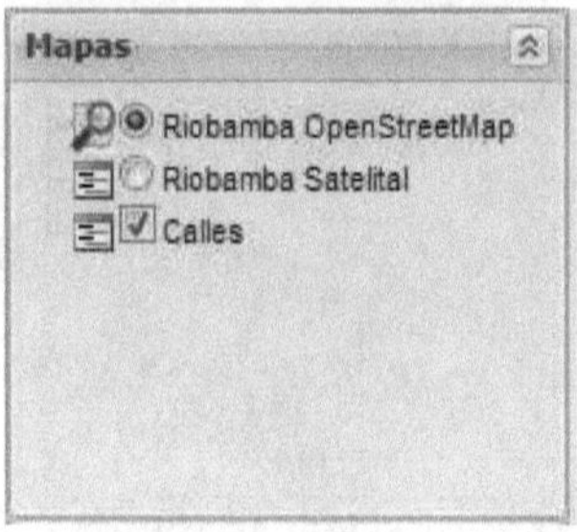

Ilustración 40 - Componente Mapas

4.4.1.2. Actividades Económicas

Esta sección se encuentra en el lado izquierdo inferior de la página web como se muestra en la Ilustración 41. Este componente se llena luego de realizar una llamada tipo AJAX a la capa de negocio. Como resultado se obtiene un objeto tipo JSON dentro del cual se incluye una lista con los tipos de actividades económicas que ya tienen asociadas información espacial. Además, en el mismo objeto JSON, al interior de cada actividad económica viene una lista de establecimientos comerciales con su respectiva información alfanumérica y espacial que existen bajo dicha categoría. El componente se encarga de brindar la posibilidad al usuario de activar o desactivar un cierto tipo de actividad económica para que se muestre o no dentro del mapa generado.

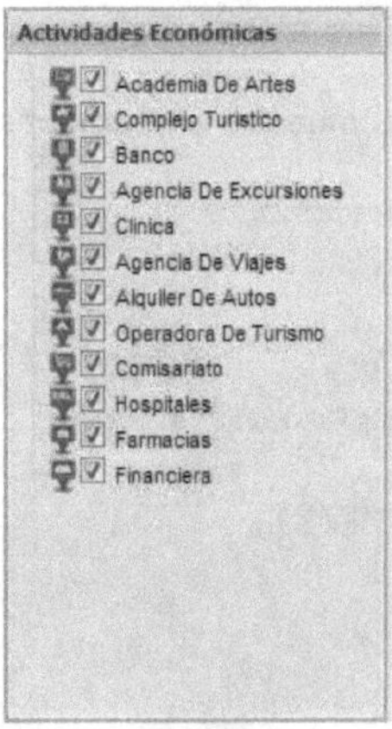

Ilustración 41 - Componente de actividades económicas

4.4.2. Componente Mapa

Se ubica en la zona central del portal web. Es el lugar en donde se muestran los mapas que el usuario genera. Dentro de este espacio el usuario puede interactuar para obtener información enriquecida sobre lo que está viendo. Por ejemplo, al hacer click sobre cada uno de los marcadores que se muestran sobre el mapa se despliega una burbuja emergente dentro de la cual se muestra la información alfanumérica correspondiente a ese establecimiento comercial en específico (véase Ilustración 43). Además, dentro del mapa se incluyen funciones para que el usuario tenga la capacidad de:

- Desplazarse hacia otras secciones del mapa: a través de un click sostenido y posterior movimiento del ratón. También a través de las flechas de color azul como se muestra en la Ilustración 42 que están ubicadas en la esquina superior izquierda.

Ilustración 42 - Flechas de navegación

- Realizar acercamientos o alejamientos sobre el mapa: funciones que están disponibles a través de los botones ubicados en la zona superior cuya imagen representativa corresponde a una lupa con un signo más (+) o menos (-).

Ilustración 43 - Componente Mapa, visualización de la capa OpenStreetMaps

Ilustración 44 - Componente Mapa, visualización de la capa Riobamba Satelital

Los mapas que se tienen como fuente de información son imágenes bastante grandes cuyo tamaño de archivo es de alrededor de 12 MB para el de

OpenStreetMaps y 38 MB para el mapa satelital. Enviar estos archivos completos hacia el navegador para su visualización es inviable e impráctico debido a que se ocuparían demasiados recursos como ancho de banda y tiempo de procesamiento tanto en la capa de negocio como en la capa de presentación. Por tal motivo es que se optó por tener un enfoque distinto para la transmisión de las imágenes hacia el cliente. Con ayuda de las funciones que provee la librería OpenLayers se pude hacer solicitudes automáticas a la capa de negocio para solicitar cuadrantes de imágenes más pequeñas y manejables. Es así que en lugar de hacer una única llamada al servidor pidiendo toda la imagen, OpenLayers se encarga de pedir cuadrados de imagen de un tamaño de 256x256 píxeles para armar en el navegador una imagen de apariencia más grande al concatenar los gráficos individuales.

4.4.3. Componente Buscador

El componente Buscador se ubica en la franja derecha de la página web. Su objetivo es proveer un espacio para que el usuario pueda realizar búsqueda de establecimientos comerciales y visualizar los resultados obtenidos. En la Ilustración 45 se muestra la interfaz que tiene el componente. Consta de un cajón de texto sobre el cual el usuario puede escribir cualquier tipo de texto. Además, consta de dos elementos de tipo lista correspondientes a zona y sector. Estos se utilizan para hacer un filtrado de los establecimientos comerciales en base a estos filtros.

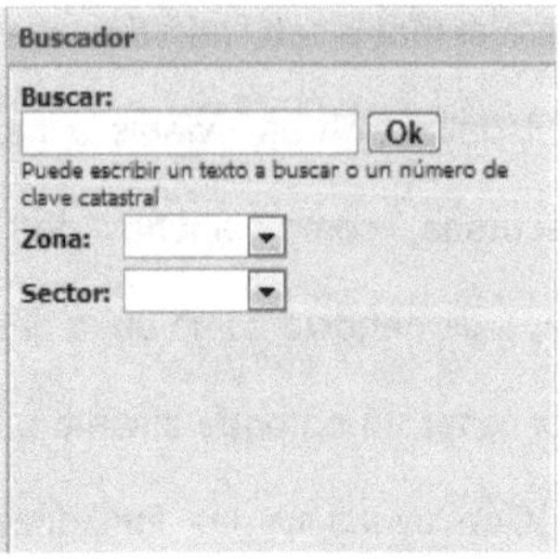

Ilustración 45 - Componente Buscador

Al hacer una búsqueda, se hará una llamada asincrónica usando la tecnología AJAX hacia la capa de negocio con el requerimiento solicitado. De vuelta, se obtendrá un objeto de tipo JSON que incluye una lista de los resultados concordantes a los filtros de búsqueda que se establecieron. Dicha lista es interpretada y presentada en la zona inferior del buscador como se puede observar en la Ilustración 46. Cada resultado que se muestra dispondrá de un enlace que mueve el mapa a la posición en la cual se asienta el establecimiento comercial si existe información geográfica del mismo. Si el establecimiento aún no tiene información espacial asociada se mostrará el texto "No se encuentra información geográfica disponible".

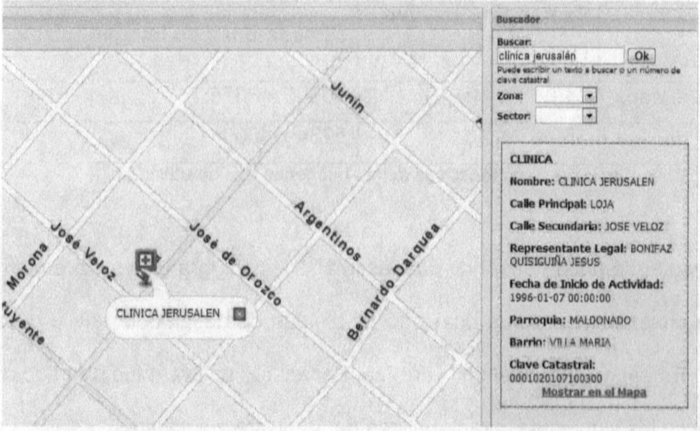

Ilustración 46 - Resultados obtenidos al realizar una búsqueda en el sistema

4.5. Rendimiento

En los anteriores apartados de este capítulo se hizo un análisis por cada uno de las capas y módulos que serán parte del sistema de información geográfica. Todo esto basándose únicamente en el aspecto funcional del sistema. No obstante, en la implementación del sistema se presentó un problema en la capa de negocio en lo que concierne a rendimiento. Como se mencionó, MapServer es un sofisticado motor de imágenes que se encarga de devolver representaciones visuales de mapas georreferenciados. Aunque es un software que está especializado para este tipo de tareas, los problemas de desempeño empiezan a aparecer cuando se hace uso de imágenes de gran tamaño. En este caso específico las imágenes con las cuales se trabajará presentan las características mencionadas en la Tabla 7.

Imagen	Tamaño de archivo (MB)	Dimensiones de imagen (píxeles)
OpenStreetMaps	11.8	10000 x 8875
Satelital	38.7	5234 x 4000

Tabla 7 - Características de las imágenes que se utilizarán

Notoriamente, se puede observar que las imágenes son grandes tanto en tamaño como en dimensiones lo que ocasionó problemas de desempeño en la capa de negocio. En específico en el software MapServer. El software fue probado en un servidor con las siguientes características de hardware y software:

- Procesador Intel® Xeon® Processor E5-2620. 2 Ghz (dos núcleos).
- 4GB de memoria RAM
- Disco duro SATA 7200 rpm
- Windows Server 2003 R2

Al hacer la carga del portal web a través del navegador Google Chrome y usando las herramientas de desarrollador que el navegador provee se obtuvo que el tiempo de carga total de los elementos demora un total de 56.26 segundos como se muestra en la Ilustración 47. Este tiempo es intolerable si se quiere utilizar la aplicación con fines de publicación a través de Internet. Según las estadísticas obtenidas podemos darnos cuenta que las operaciones que más tiempo toman son aquellas que involucran la solicitud de cuadrantes de mapas desde la capa de negocio.

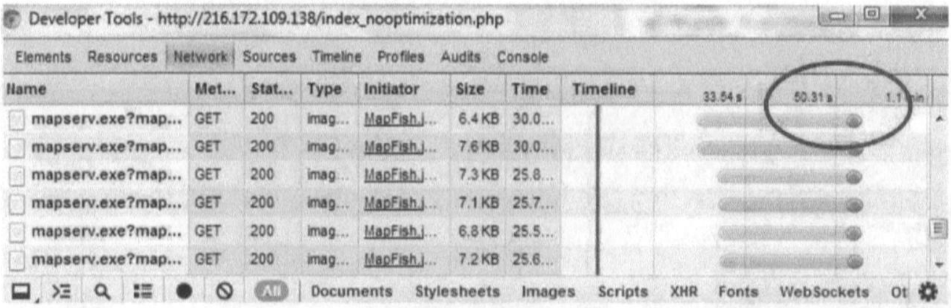

Ilustración 47 - Captura de pantalla del tiempo tomado por el geoportal en cargar todos los elementos necesarios.

Asimismo, al verificar a través de la herramienta de Windows "Administrador de tareas" en la pestaña "Rendimiento" la carga de trabajo que tiene el servidor nos damos cuenta que el procesador empieza a trabajar fuertemente manteniéndose a 100% de uso por el lapso que dura la carga de la aplicación web. En la Ilustración 48 se puede verificar que los dos núcleos con los cuales dispone el servidor se encuentran al tope de sus capacidades. Al verificar los procesos que estaban en ejecución al momento de tener los picos de uso de procesamiento se determinó que eran aquellos levantados por la aplicación MapServer, tienen el nombre "mapserv.exe" como se puede evidenciar en la Ilustración 49.

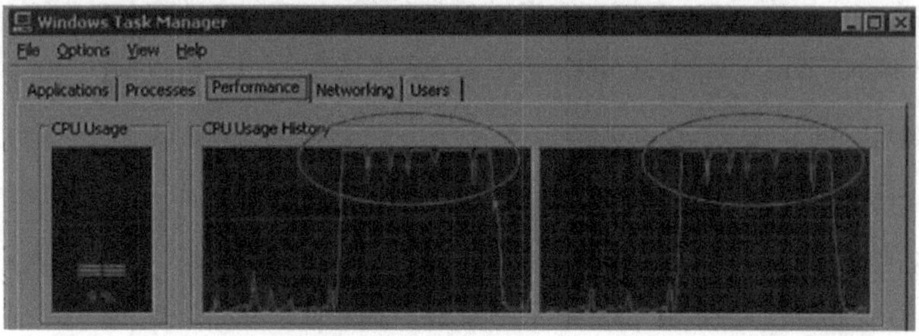

Ilustración 48 - Carga de CPU del servidor durante la carga del portal web

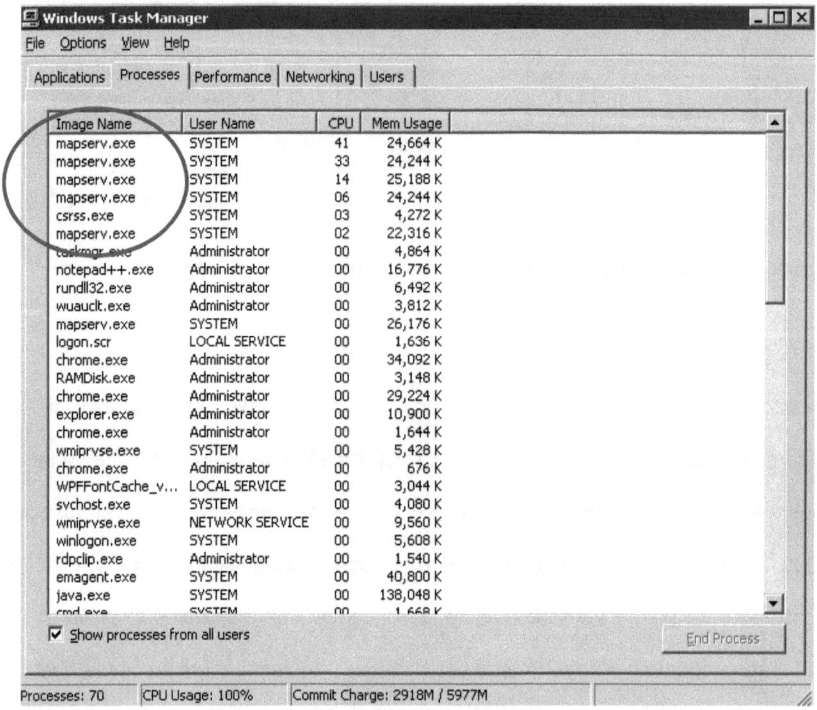

Ilustración 49 - Procesos ejecutándose en el servidor

En base a las pruebas mostradas, la conclusión a la cual se llegó es que la aplicación está consumiendo demasiados recursos de procesamiento produciendo que la carga del portal web se vuelva lenta en extremo. Esto ocurre debido a que cada vez que el servidor recibe una petición de mapa, MapServer toma la imagen completa y recorta la sección de mapa solicitada. El problema identificado es que MapServer no guarda las imágenes generadas previamente y realiza la misma tarea de procesamiento cada vez que recibe una petición de mapa.

Analizando más a detalle la forma en la cual se están realizando las peticiones de mapas al servidor se pudo determinar que los cuadrantes de mapa que la capa de presentación solicita a la de negocio tienden a ser los mismos. Es por tal motivo que se ideó una forma de guardar las imágenes que ya se han generado de manera temporal en disco duro para que estén disponibles para las próximas veces que un cuadrante de las mismas características sea solicitado. Con esto se evita que MapServer haga procesamiento innecesario a cada momento y la carga de las imágenes se realice de manera más rápida y eficiente.

La idea es tener una especie de caché en la cual se guarden las imágenes. En base a una verificación previa se establece si la imagen ya existe o se tiene que generar y almacenar. Dicho comportamiento se implementó a nivel de capa de negocio utilizando el lenguaje de programación PHP. El sistema ahora primero hace una petición de imagen a la cache y aquí se decide que acción tomar en base a la existencia o no de una imagen que cumpla con las características solicitadas.

Los resultados al usar esta nueva funcionalidad fueron los siguientes. En la primera ejecución, cuando aún no hay imágenes almacenadas en la caché de disco se obtuvo que el tiempo de carga de los elementos del portal fue igual a 38.93 segundos como se muestra en la Ilustración 50. Además, el procesador del servidor pasó un lapso menor de tiempo en 100% de su capacidad como se muestra en la Ilustración 51. El tiempo se ha reducido de manera notoria en relación a la estructura general de la aplicación.

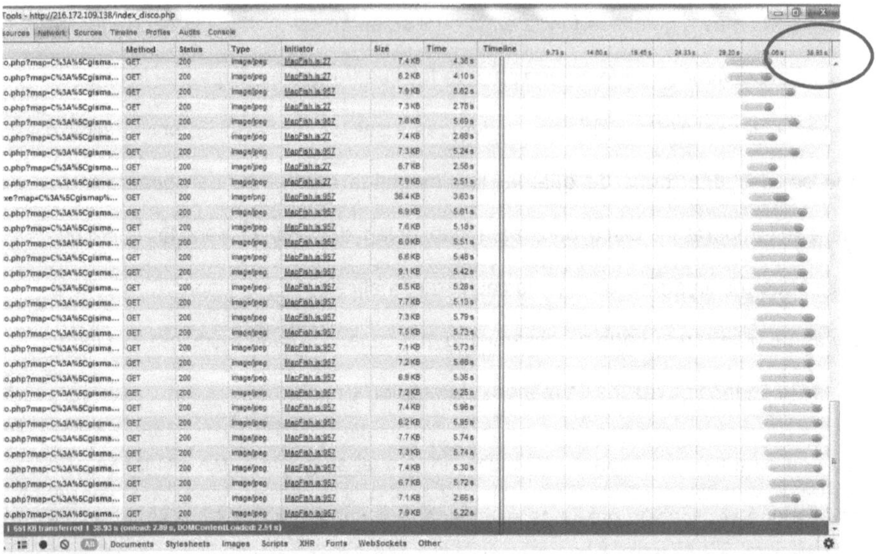

Ilustración 50 - Tiempo de carga de elementos al usar la cache en disco. Primera ejecución.

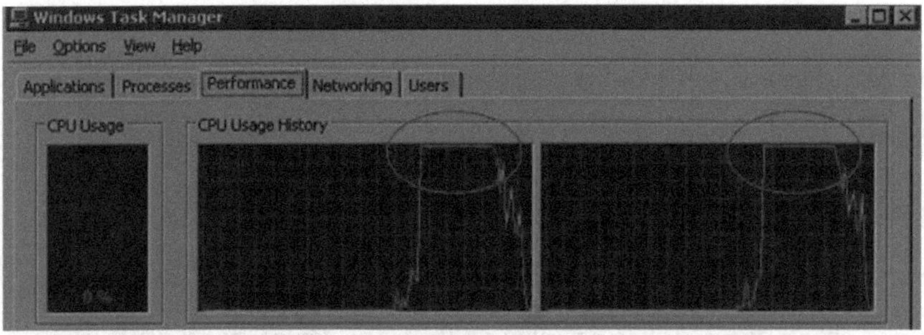

Ilustración 51 - Uso de procesador en el servidor al usar la cache en disco. Primera ejecución.

Una vez que las imágenes ya se han guardado en disco el tiempo de carga de los elementos en el navegador web debe ser aún menor y el procesador del servidor deberá tener aún menos carga que la vez pasada. Los resultados que se obtuvieron fueron los siguientes: el tiempo de carga bajo a 11.75 segundos como se muestra en la Ilustración 52. Además, el procesador del servidor ya no utiliza el 100% de su capacidad como se puede observar en la Ilustración 53. El tiempo que se demora en devolver una respuesta hasta el cliente se ve drásticamente disminuido en relación a las aproximaciones anteriores.

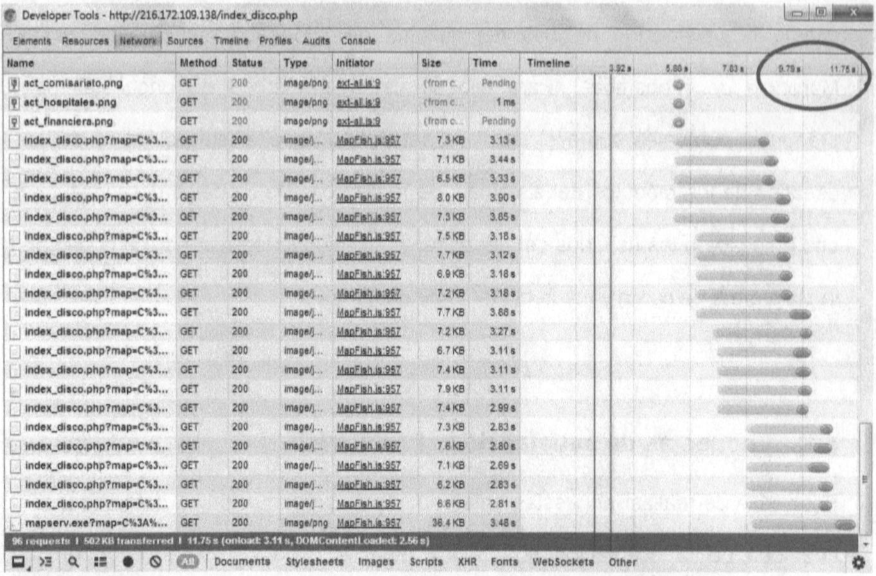

Ilustración 52 - Tiempo de carga de elementos al usar la caché en disco. Segunda ejecución.

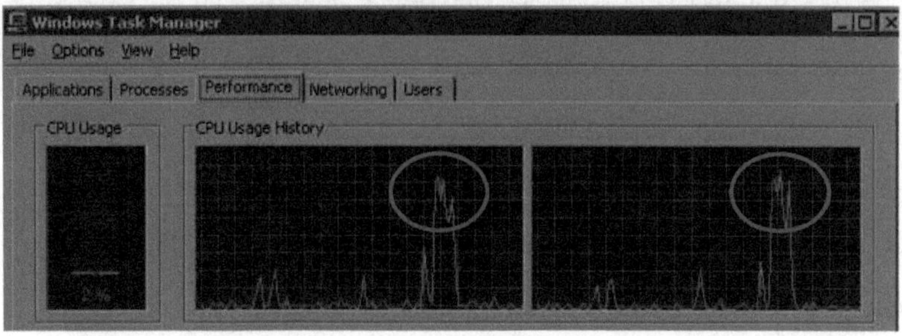

Ilustración 53 - Uso de procesador en el servidor al usar la caché en disco. Segunda ejecución.

Capítulo 5

5. Análisis de Resultados

El presente capítulo tiene por objetivo mostrar los resultados que se obtuvieron en cuanto a satisfacción de uso del sistema de información geográfica en el Municipio de Riobamba. Para ello se usará el método de encuestas con preguntas puntuales sobre el uso y la satisfacción que existe por parte de los usuarios de los módulos del sistema. Se realizaron dos modelos de encuestas: uno enfocado a los usuarios del geoportal y otro modelo que se enfoca al uso de la plataforma de carga y mantenimiento de datos.

5.1. Encuestas de satisfacción. Portal Web.

El objetivo de realizar encuestas en el módulo de presentación de datos es tener una idea de la aceptación que puede tener el producto desarrollado en la ciudadanía en general. Para tal propósito se utilizó la plataforma de encuestas que pone a disposición la empresa Google Inc. a través de su servicio de documentos en línea. La encuesta fue realizada en línea y solicitada para aquellas personas que usaron previamente el módulo web del SIG. Se realizó un total de diez preguntas dejando la encuesta activa por el lapso de un mes aproximadamente (desde el 15 de abril hasta el 11 de mayo de 2013). Al final del período de encuestas se obtuvo un total de 85 encuestas.

Las preguntas realizadas se enfocaban en conocer que tan satisfecha están las personas que utilizaron el geoportal. Además, de establecer que tanto conocimiento tiene la ciudadanía sobre el registro de establecimientos comerciales que tiene el Municipio de Riobamba. El modelo de la encuesta realizada se lo encuentra en el Anexo E.1 Encuestas de satisfacción de usuario del GeoPortal. A continuación se analiza pregunta por pregunta los resultados que se obtuvieron en este proceso.

PREGUNTA 1: ¿Cómo ubica usted un servicio que requiere y cuya ubicación no conoce?

La pregunta 1 tiene como intención determinar la forma en la cual los ciudadanos ubican un local comercial en la ciudad de Riobamba. Los resultados obtenidos muestran que la tendencia es preguntar primero a otras personas para lograr ubicar un establecimiento comercial determinado. Sin embargo, una proporción considerable busca dicha información en Internet a través de los servicios de mapas que existen en el mercado actualmente.

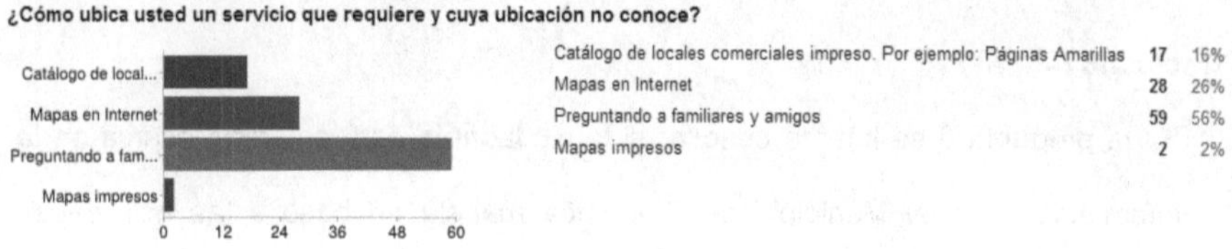

Ilustración 54 - Resultados de la pregunta 1. Imagen obtenida usando Google Forms.

PREGUNTA 2: ¿Utilizaría un buscador de establecimientos comerciales disponible en Internet?

La pregunta 2 de la encuesta pretende conocer si una herramienta que permita realizar búsquedas de establecimientos comerciales sería utilizada por la ciudadanía. Los resultados de esta pregunta arrojaron que un 88% del universo de encuestas realizadas tendría en cuenta un buscador en línea al momento de buscar un establecimiento comercial. El detalle del resultado se muestra en la Ilustración 55.

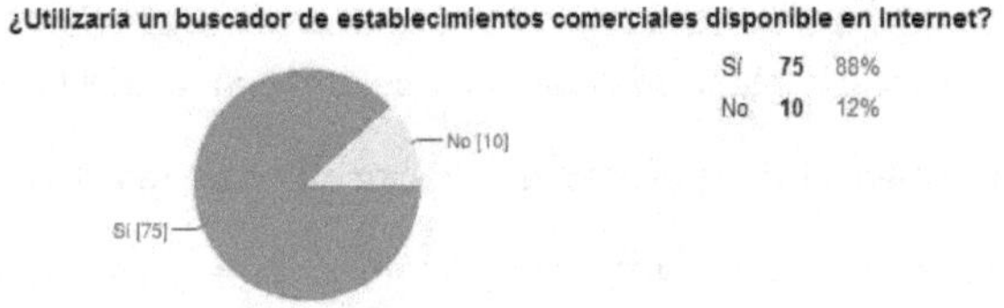

Ilustración 55 - Resultados de la pregunta 2. Imagen obtenida usando Google Forms.

PREGUNTA 3: ¿Sabe usted que el Municipio de Riobamba se mantiene un registro de todas las actividades comerciales que se desarrollan en la ciudad?

En la pregunta 3 se intenta conocer si la ciudadanía está enterada acerca de la información que el Municipio de Riobamba maneja en base a las actividades comerciales que se desarrollan en la ciudad. La mayoría de las personas (67%) quienes llenaron la encuesta respondieron que no conocen que dichos datos son mantenidos por la entidad municipal. Con esta pregunta se pudo evidenciar que existe desconocimiento de la ciudadanía acerca de la posibilidad de acceder a fuentes de información oficial acerca de la situación de la actividad comercial en Riobamba. Los resultados se muestran en la Ilustración 56.

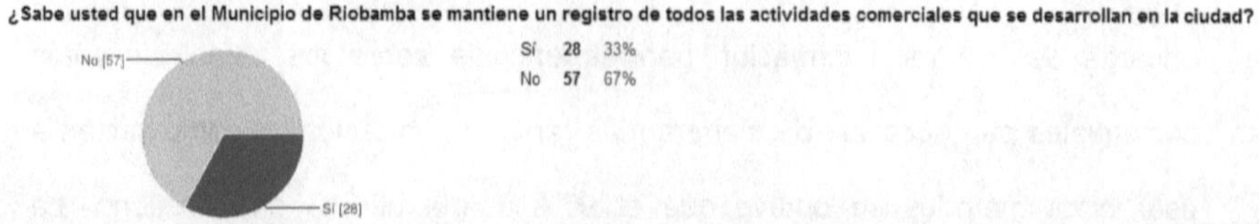

Ilustración 56 - Resultados de la pregunta 3. Imagen obtenida usando Google Forms.

PREGUNTA 4: ¿Le parece útil la utilización de un software/sistema informático para la correcta localización de los locales comerciales que funcionan en la ciudad?

Esta pregunta tiene como finalidad recoger la opinión de las personas que eventualmente serían los futuros usuarios de un sistema de información geográfica que refleje la información del sistema de patentes para saber si le parecería útil que exista esta herramienta. El 95% de los encuestados respondió afirmativamente mostrando que un SIG con estas características sí sería de utilidad para la ciudadanía. El detalle de las respuestas se encuentra disponible en la Ilustración 57.

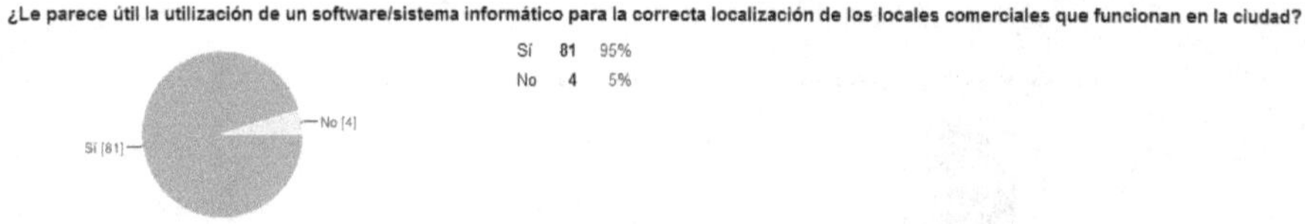

Ilustración 57 - Resultados de la pregunta 4. Imagen obtenida usando Google Forms.

PREGUNTA 5: ¿Usted ocuparía dicho "software" para llegar más rápido a un establecimiento comercial en Riobamba?

En relación a conocer si la gente estaría dispuesta a utilizar el software que se encarga de mostrar información georreferenciada sobre los establecimientos comerciales para localizar de manera más rápida la ubicación en comparación a usar otros métodos se obtuvo que el 96% usaría el SIG en cuestión. La Ilustración 58 muestra los resultados que se obtuvieron para la pregunta 5.

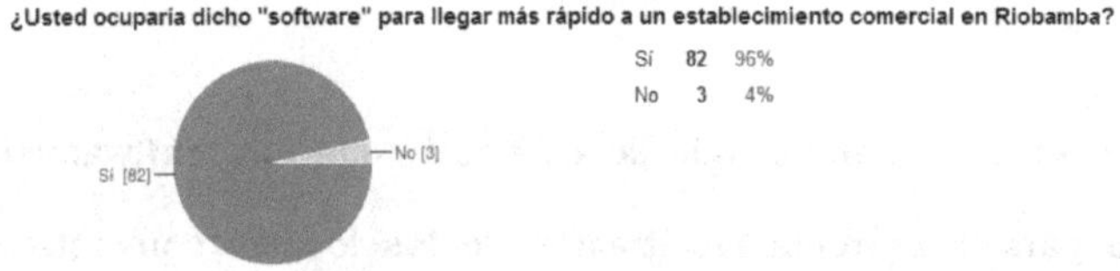

Ilustración 58 - Resultados de la pregunta 5. Imagen obtenida usando Google Forms.

PREGUNTA 6: ¿Le parece útil el portal web que contiene la información del Departamento de Patentes del Municipio de Riobamba?

Las cinco últimas preguntas de la encuesta se establecieron para evaluar el producto desarrollado. La pregunta 6 intenta captar la opinión de los encuestados sobre la utilidad del geoportal implementado. Las tres cuartas partes (75%) de las personas encuestadas respondieron afirmativamente resaltando que el portal sí resultad de utilidad. La Ilustración 59 muestra los resultados obtenidos.

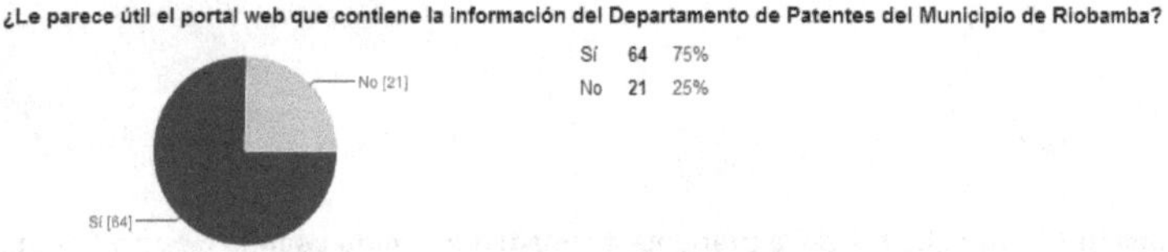

Ilustración 59 - Resultados de la pregunta 6. Imagen obtenida usando Google Forms.

PREGUNTA 7: ¿La utilización del portal web es intuitivo o su manipulación resulta dificultosa?

En esta pregunta el parámetro de evaluación que se quiere medir es que tan intuitivo es el uso del geoportal. Para las respuestas se estableció una escala de valoración que va desde 1 hasta 5. Dónde 1 significa que el portal es muy difícil de usar mientras que 5 significa que es muy fácil e intuitivo de usar. Los resultados que se obtuvieron se muestran en la Ilustración 60. De las 85 personas encuestadas, 51 respondieron en una escala alta (valores 4 y 5) en cuanto a la facilidad de uso. Mientras que los restantes, 34 personas, evaluaron que el portal no es de fácil uso. En posteriores versiones del geoportal se deberá tomar en cuenta esta consideración para lograr niveles de aceptación más elevados.

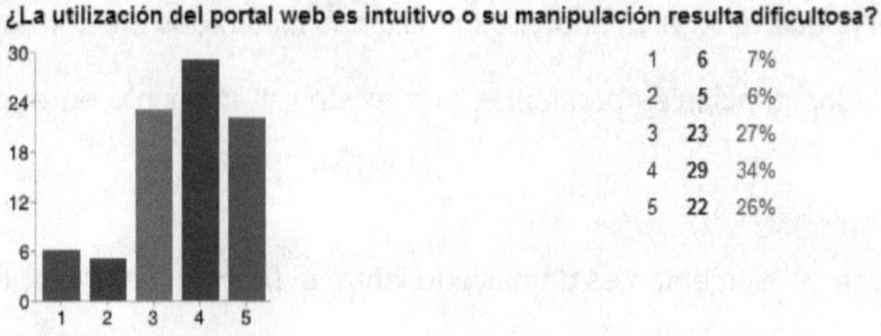

Ilustración 60 - Resultados de la pregunta 7. Imagen obtenida usando Google Forms.

PREGUNTA 8: ¿Cuáles ventajas puede identificar al usar el portal web?

La pregunta 8 tiene como intención determinar cuáles son las ventajas que los usuarios identifican al usar el geoportal. Las respuestas indican que la ventaja más importante con la cual el geoportal cuenta es que se puede acceder a la ubicación de un establecimiento comercial de manera más rápida. A futuro se debería mantener dicha funcionalidad y fortalecer su funcionamiento. Las respuestas que se obtuvieron se encuentran en la Ilustración 61.

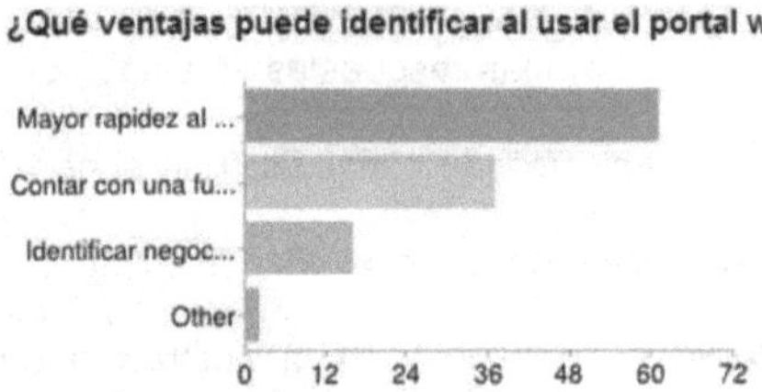

Mayor rapidez al ubicar un establecimiento comercial	61	53%
Contar con una fuente oficial de datos sobre las actividades económicas de Riobamba	37	32%
Identificar negocios que no se encuentran legalmente registrados en la entidad municipal	16	14%
Other	2	2%

Ilustración 61 - Resultados de la pregunta 8. Imagen obtenida usando Google Forms.

PREGUNTA 9: ¿Cuáles problemas tuvo al usar el portal web?

El objetivo de esta pregunta es identificar los posibles problemas que el usuario del geoportal pueda tener al usarlo. Los resultados mostrados en la Ilustración 62 muestran que los principales problemas que existen al momento en el geoportal son:

- La carga de elementos es demasiado lenta: el problema es mencionado en la sección 4.5. Aunque se han tomado acciones para evitar que el desempeño de la aplicación se vea afectada, se aconseja que a futuro el SIG cuente con más recursos en cuanto a hardware para que la ejecución del sistema sea más fluida.
- La cantidad de locales comerciales disponibles no es suficientes: al tratarse de un plan piloto, el conjunto de datos inicial con el cual el sistema cuenta es reducido. El problema se irá solucionando paulatinamente a medida

que los datos geográficos de la ubicación de los establecimientos comerciales vayan siendo cargados en la base de datos PostgreSQL.

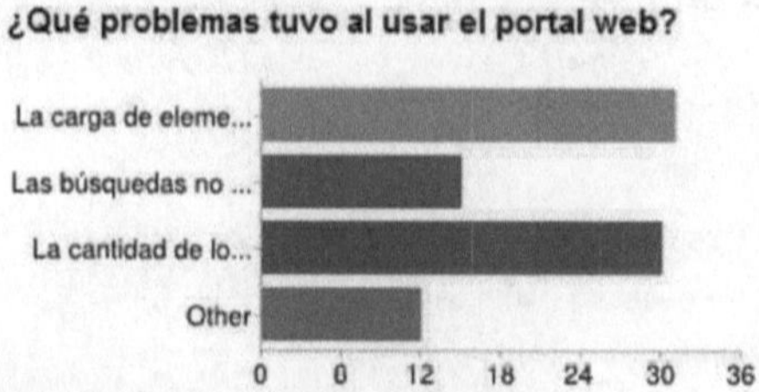

La carga de elementos es demasiado lenta	31	35%
Las búsquedas no reflejan lo que yo esperaba	15	17%
La cantidad de locales comerciales disponibles no es suficiente	30	34%
Other	12	14%

Ilustración 62 - Resultados de la pregunta 9. Imagen obtenida usando Google Forms.

PREGUNTA 10: ¿Qué aspectos cambiaría del portal web en cuestión?

Por último, la pregunta 10 se preguntó a los encuestados sobre los cambios que sugieren en el geoportal desarrollado. La mayoría de las personas opina que se debe cambiar el diseño del portal web. Otro cambio solicitado es que la forma en la cual se realiza la búsqueda de establecimientos comerciales sea mejorada. En la Ilustración 63 se muestra el detalle de los resultados obtenidos.

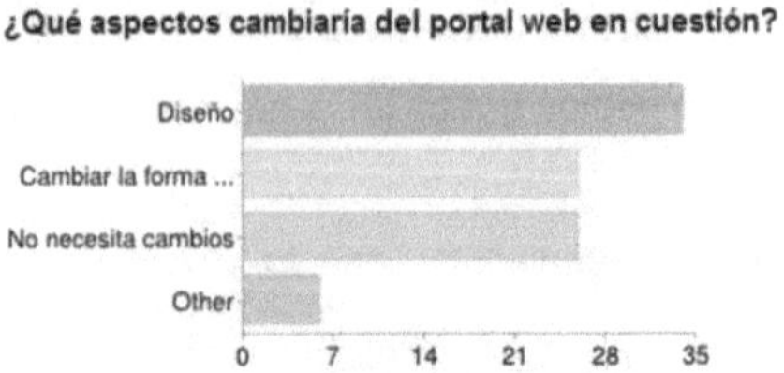

Diseño	34	37%
Cambiar la forma de búsqueda	26	28%
No necesita cambios	26	28%
Other	6	7%

Ilustración 63 - Resultados de la pregunta 10. Imagen obtenida usando Google Forms.

5.1.1. Información obtenida de la encuesta

Las cinco primeras preguntas de la encuesta se encargan de tomar la opinión de los usuarios sobre la forma en la cual ubican establecimientos comerciales en la ciudad de Riobamba y si estarían dispuestos a usar una solución tecnológica para facilitar la tarea. Los resultados muestran que la ciudadanía usa como fuente de conocimiento la información que se pasa de boca a boca sobre la existencia y ubicación de establecimientos comerciales. Además, las encuestas arrojan como resultado de que las personas si estarían dispuestas a usar una solución tecnológica que proporcione información oficial sobre las actividades que se desarrollan en la ciudad.

Las siguientes cinco preguntas están ya enfocadas en la evaluación que se le dará al producto desarrollado. En específico están enfocadas a captar las opiniones de las personas que usaron el geoportal. Aunque los resultados arrojan información positiva acerca de la percepción que tienen los usuarios del portal web es notorio que se pueden hacer varias mejoras en el mismo. Por ejemplo, en la pregunta 9 se identifica que la aplicación presenta problemas que dificultan el uso por parte de la ciudadanía. El mayor problema identificado es aquel que hace referencia al tiempo de carga que la página web demora hasta que todos sus elementos son visualizados correctamente en el navegador. Asimismo, la opinión ciudadana muestra que aunque el sistema presenta gran aceptación en cuanto a su utilidad (75% de aceptación) el conjunto de datos espaciales que se ha publicado en la ejecución de este proyecto no es suficiente para satisfacer las necesidades de los usuarios.

En base a estos resultados podemos recomendar que a futuro se implemente una mejor infraestructura de hardware. La capa de negocio hace varias peticiones de tipo HTTP en solicitud a una porción de mapa. Cada petición que se hace es manejada por un hilo de ejecución en el servidor web. Con un servidor que cuente con más núcleos para el procesamiento la demora en la carga de los elementos se vería disminuida dando un mejor servicio a la ciudadanía.

5.2. Encuestas de satisfacción. Funcionarios municipales.

Las encuestas se realizaron a los funcionarios municipales que hacen uso del sistema para las labores de mantenimiento de datos espaciales. La encuesta que se realizó consta de cinco preguntas destinadas a conocer la opinión que tienen los usuarios acerca de cada uno de los módulos con los cuales interactúan. La encuesta se realizó a seis funcionarios municipales que son quienes tienen conocimiento de la forma en la cual trabaja el sistema y están en la capacidad de manipularlo. El formato que se usó fue de encuestas en línea a través del servicio que provee Google Forms.

Las preguntas realizadas se enfocan en conocer que tan satisfechos se encuentran los funcionarios municipales con el módulo de administración de información espacial. En dónde, sobresale la aplicación móvil para captura de datos y la aplicación de escritorio para ser el enlace a través del cual la información es almacenada en la base de datos espacial. El modelo de la encuesta se encuentra en el Anexo E.2 Encuestas de satisfacción de usuarios del módulo de mantenimiento de información espacial. A continuación se analiza pregunta por pregunta los resultados que se obtuvieron.

PREGUNTA 1: ¿La aplicación móvil cumple con el propósito de captura de información espacial?

La pregunta 1 tiene como finalidad constatar la percepción que tienen los funcionarios del Municipio sobre la funcionalidad que tiene la aplicación móvil. En esencia se quiere comprobar si los usuarios están conformes con la funcionalidad de captura de datos geográficos a través de la aplicación móvil. En la Ilustración 64 se pueden observar los resultados que se obtuvieron y es claramente identificable que la mayoría está de acuerdo que la aplicación móvil cumple con la función para la cual fue desarrollada.

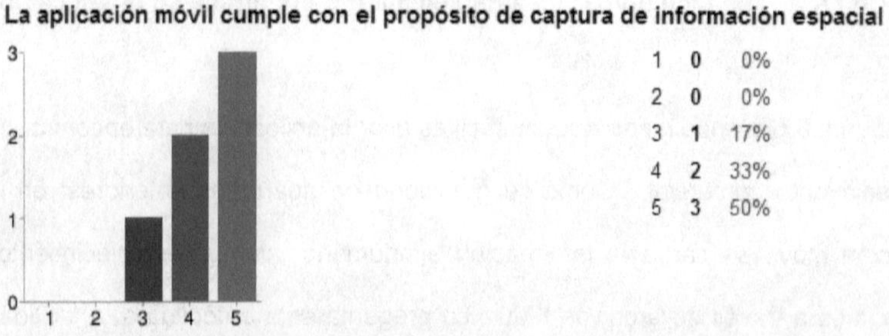

Ilustración 64 - Resultados de la pregunta 1. Imagen obtenida usando Google Forms.

PREGUNTA 2: ¿La aplicación móvil es de fácil uso?

En el aspecto de la facilidad del uso de la aplicación, la encuesta arrojó como resultado que los funcionarios mantienen una postura neutral. Es decir, que se debe mejorar a futuro para que la aplicación sea de uso más fácil e intuitivo. En especial, porque el uso de la aplicación necesita de ciertos procesos manuales como la carga de archivos XML que dificultan el uso de la aplicación sin un entrenamiento previo. Los resultados se presentan en la Ilustración 65.

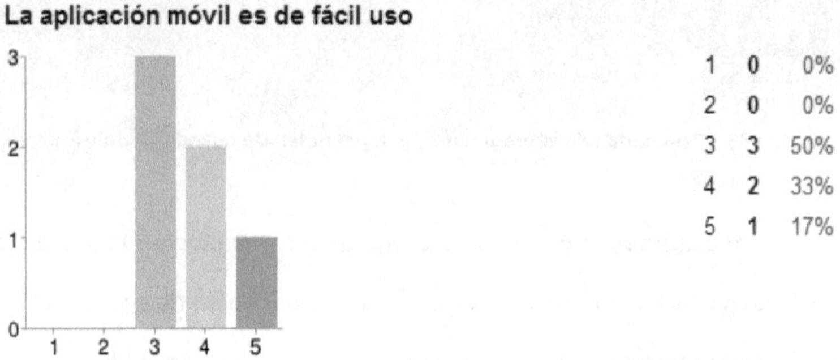

Ilustración 65 - Resultados de la pregunta 2. Imagen obtenida usando Google Forms.

PREGUNTA 3: ¿Es fácil ubicar un establecimiento comercial en la aplicación móvil?

La pregunta 3 pretende medir que tan fácil es usar la aplicación para encontrar un establecimiento comercial. Como se mencionó en apartados anteriores, en la aplicación móvil se carga la información alfanumérica de los establecimientos comerciales a través de archivos XML. La pregunta está enfocada a la facilidad que existe para encontrar un establecimiento comercial dentro de la lista de locales que se carga a partir de los ficheros XML. Los resultados que se obtuvieron demuestran que el proceso deberá ser mejorado en futuras versiones de la aplicación. En la Ilustración 66 se muestran los resultados en dónde la tendencia de los resultados muestra que el proceso no es fácil en la actualidad.

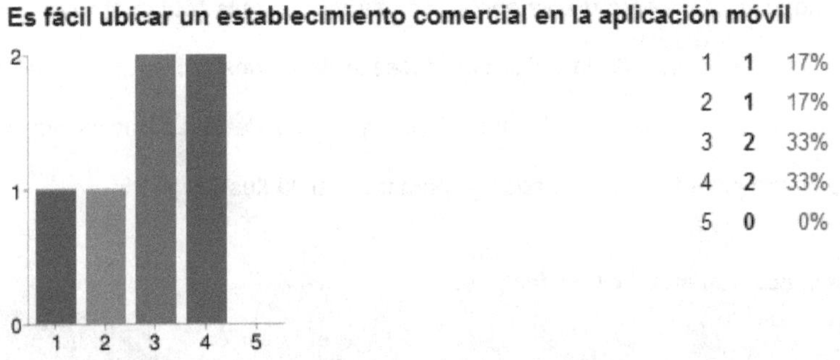

Ilustración 66 - Resultados de la pregunta 3. Imagen obtenida usando Google Forms.

PREGUNTA 4: Califique el proceso de carga de información en la aplicación móvil y la carga de información geográfica en la aplicación de escritorio.

La evaluación concerniente al modo de carga de información desde la aplicación de escritorio a la móvil y viceversa es cubierta en esta pregunta. Los resultados obtenidos son favorables ya que las puntuaciones con escala 4 y 5 son la mayoría. El éxito en este aspecto de la funcionalidad del sistema se puede atribuir a que fue un funcionamiento expresamente solicitado por los funcionarios del Municipio de Riobamba.

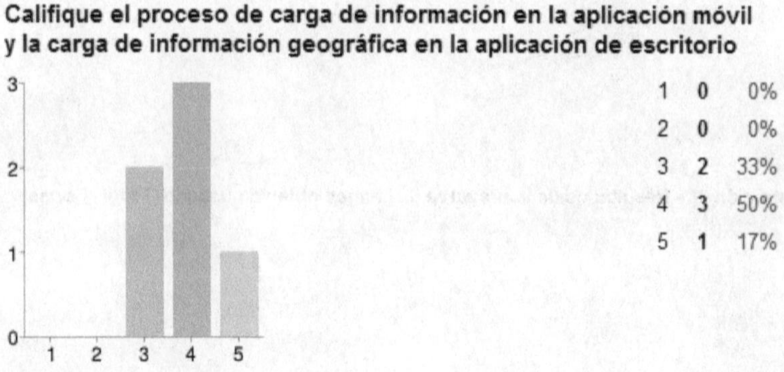

Ilustración 67 - Resultados de la pregunta 4. Imagen obtenida usando Google Forms.

PREGUNTA 5: Califique el sistema de manera global

La calificación global sobre la conformidad de los funcionarios del Municipio de Riobamba con el módulo de manejo de información geográfica se ve reflejada en la pregunta 5. Los resultados se muestran en la Ilustración 68 y muestran que la mayoría de resultados se ubican en la escala 4 con el 67%. Aunque es una calificación positiva para el sistema en conjunto, para las futuras versiones del sistema se debe tomar en cuenta los problemas que se han presentado en la versión actual para lograr un sistema que tenga una mayor aceptación en lo que se refiere a satisfacción por parte del usuario.

Califique el sistema de manera global

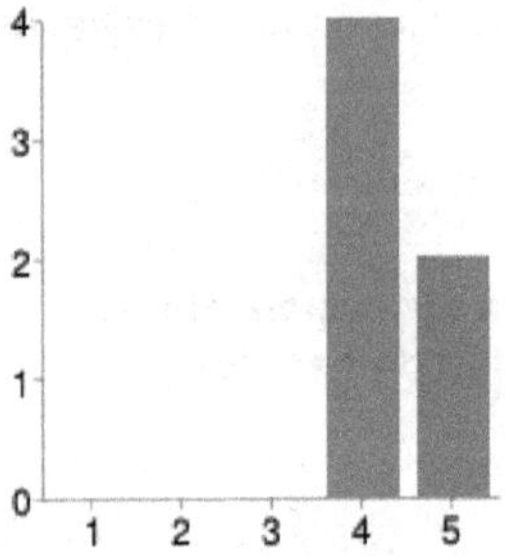

1	0	0%
2	0	0%
3	0	0%
4	4	67%
5	2	33%

Ilustración 68 - Resultados de la pregunta 5. Imagen obtenida usando Google Forms.

Capítulo 6

6. Conclusiones y Recomendaciones

6.1. Conclusiones

- El levantamiento de información inicial permitió establecer la mejor estrategia para la integración del SIG con el sistema actual de información del Municipio de Riobamba.
- El sistema se encuentra dividido en capas para facilitar la identificación de errores y permitir la extensibilidad de la funcionalidad del mismo sin afectar las funciones primarias que el sistema ya integra.
- La arquitectura cliente – servidor es la más indicada para la visualización de la información geográfica debido a que facilita la distribución del producto hacia varios clientes sin necesidad de cambios sobre el producto inicial.
- El geoportal permite a la ciudadanía el acceso a la información que el Sistema de Patentes del Municipio de Riobamba maneja.
- El uso del geoportal facilita las tareas de distribución del producto debido a que no se necesita de instalación de software adicional a un navegador web.
- El uso de Javascript en la capa de presentación brinda al geoportal la sensación de usar una aplicación de escritorio y permite la interactividad del usuario con la información espacial que está visualizando.

- La librería de Javascript ExtJS se encarga de abstraer al programador de las peculiaridades y especificidades que cada navegador incluye.
- El procesamiento de imágenes por parte del software MapServer puede llegar a ser una tarea pesada y altamente demandante de recursos.
- El concepto de caché se aplica para mejorar el desempeño general del servidor web.
- El formato XML sirve para la comunicación de información entre sistemas heterogéneos.
- La publicación del geoportal permite que se tenga acceso a una fuente de información fiable y oficial sobre el desarrollo de actividades económicas de la ciudad de Riobamba.
- La ciudadanía puede tener un control más estricto sobre la cantidad y tipo de negocios que se encuentran funcionando en la ciudad.
- Se logró implementar un sistema de información geográfica que puede trabajar complementariamente a un sistema que sólo utiliza información alfanumérica. El proceso de implementación se dio al diseñar e implementar en capa de negocio los algoritmos necesarios para tomar datos desde las dos fuentes de datos y consolidarlos en un único objeto.
- Se demostró que se puede realizar un plan piloto de georeferenciación de establecimientos comerciales con un número limitado de recursos.

6.2. Recomendaciones

- Monitorear el acceso al servidor web de manera permanente para verificar que exista acceso al geoportal.

- Añadir recursos de hardware para que el desempeño del servidor web mejore. Se sugiere que a futuro la aplicación debe ser instalada en un servidor de mejores características. En especial, que se mejore la capacidad de multiprocesamiento y la velocidad de escritura/lectura de disco duro.
- Realizar respaldos periódicos de la base de datos espacial. En caso de desastre y pérdida de información, los respaldos servirán para recuperar en cierta medida la información previamente almacenada.
- Incluir procesos de balanceo de carga y contingencia para el servidor web. De esta manera, se mejorará el desempeño general del sistema y la disponibilidad del servicio.
- Mejorar el proceso de búsqueda de establecimientos comerciales. La implementación actual no hace un análisis del texto que se buscará sino que tan sólo busca coincidencias de las palabras ingresadas. A futuro, las búsquedas podrían ser inteligentes para mejorar la eficacia de los resultados obtenidos.
- Se especula que en el año 2014 se realizará un censo comercial en la ciudad de Riobamba con el objetivo de determinar la verdadera situación de los establecimientos comerciales que funcionan en la urbe. Se recomienda que se aproveche la oportunidad para realizar un levantamiento masivo de información geográfica.
- Se sugiere que en futuras adquisiciones de software de base de datos se incluya la capacidad de trabajar con datos espaciales. De esta manera toda la información estaría consolidada en un solo repositorio de datos.

- La aplicación móvil debe ser mejorada para eliminar procesos manuales en lo que se refiere a la carga de información alfanumérica y espacial.

7. Bibliografía

ArcGIS. ArcGIS Resource Center. 07 de noviembre de 2012. 19 de febrero de 2013 <http://help.arcgis.com/es/arcgisdesktop/10.0/help/index.html#//00620000000200000>.

Asociación gvSIG. gvSIG. 2012. 11 de mayo de 2012 <http://www.gvsig.org/>.

Comité Coordinador Permanente de la Infraestructura de Datos Espaciales del Perú. Comité Coordinador Permanente de la Infraestructura de Datos Espaciales del Perú. 10 de abril de 2012 <http://www.ccidep.gob.pe/index.php?option=com_content&view=article&id=15:can-joomla-15-operate-with-php-safe-mode-on&catid=31:general&Itemid=46>.

Deneb. Deneb. 28 de noviembre de 2012 <http://mydeneb.com/GIS_whatis.htm>.

esri. esri. 12 de diciembre de 2012 <http://esripress.esri.com/display/index.cfm?fuseaction=display&websiteID=188&moduleID=27>.

Fernández Coppel, Ignacio Alonso. Cartesia. 21 de noviembre de 2012 <http://www.cartesia.org/data/apuntes/cartografia/cartografia-geograficas-utm-datum.pdf>.

GeoWeb Guru. GeoWeb Guru. Building the Geospatial Web. 22 de mayo de 2009. 09 de julio de 2012 <http://www.geowebguru.com/articles/145-technical-overview-mapfish>.

Gutiérrez, Mariella. El Rol de las Bases de Datos Espaciales en una Infraestructura de Datos. 10 de noviembre de 2006. 10 de diciembre de 2012 <http://www.cp-idea.org/documentos/tecnologia/Rol%20de%20las%20bases%20de%20datos%20espaciales%20en%20una%20IDE.pdf>.

Lingan, James. WhatIs.com. octubre de 2007. 03 de marzo de 2012 <http://whatis.techtarget.com/definition/Web-server>.

MapTools.org. MapTools.org. 13 de mayo de 2012 <http://maptools.org/ms4w/>.

Mathemathic Dictionary. Mathemathic Dictionary. 22 de noviembre de 2012 <http://www.mathematicsdictionary.com/spanish/vmd/full/l/longitude.htm>.

Mathemathics Dictionary. Mathemathics Dictionary. 22 de noviembre de 2012 <http://www.mathematicsdictionary.com/spanish/vmd/full/l/latitude.htm>.

Municipio de Loja. Gobierno Autónomo Descentralizado Municipal de Loja. 17 de diciembre de 2012 <http://www.loja.gob.ec/files/docman/plan%20participativo.pdf>.

Olaya Quintero, Duvier. SlideShare. 09 de diciembre de 2012 <http://www.slideshare.net/AlvaroPuentesMolina/03-los-datos-geograficos>.

Oracle. Oracle. 10 de diciembre de 2012 <http://www.oracle.com/technetwork/developer-tools/forms/overview/index.html>.

Ortiz, Gabriel. gabrielortiz.com. 08 de diciembre de 2002. 13 de noviembre de 2012 <http://www.gabrielortiz.com/index.asp?Info=012>.

OSGeo Project. PostGIS. 09 de julio de 2012 <http://postgis.refractions.net/>.

Regents of the University of Minnesota. MapServer. Open Source Web Mapping. 2011. 13 de mayo de 2012 <http://mapserver.org>.

Rosemberg, Matt. About.com. 13 de noviembre de 2012 <http://geography.about.com/cs/medicalgeography/a/cholera.htm>.

Rouse, Margaret. WhatIs.com. octubre de 2008. 05 de marzo de 2013 <http://searchnetworking.techtarget.com/definition/client-server>.

Sanz Santos, Miguel Ángel. Grupo de Geomorfología, Hidrogeología y Medio Ambiente. 27 de febrero de 2012 <http://ggyma.geo.ucm.es>.

The PostgreSQL Global Development Group. PostgreSQL. 09 de julio de 2012 <http://www.postgresql.org/about/>.

UNIGIS. UNIGIS. 2010. 10 de abril de 2012 <http://quito.unigis.net/home/que-es-sig>.

Universidad de Alcalá. Departamento de Geografía y Geología. Universidad de Alcalá. 13 de noviembre de 2012 <http://www.geogra.uah.es/gisweb/1modulosespanyol/IntroduccionSIG/GISModule/GISTheory.htm>.

Universidad Técnica Particular de Loja. 10 de abril de 2012 <http://sig.utpl.edu.ec/sigutpl/index.php>.

8. Anexos

Anexo A: Guía de Instalación y Configuración

A continuación se mostrarán los pasos que se requieren para instalar todos los módulos del sistema. Se aconseja que el administrador del centro de datos se encargue de estar tareas tal como se muestra en el caso de uso F.2 del Anexo F.

A.1 Instalación de SIG Riobamba

La aplicación SIG Riobamba es una aplicación de escritorio desarrollada en el lenguaje de programación Java. Para poder ejecutarse necesita que la máquina huésped del programa tenga instalada la máquina virtual de Java. La aplicación es portable y no necesita ser instalada. El programa se distribuye en formato JAR ejecutable.

A.2 Instalación de la aplicación móvil

La aplicación móvil está desarrollada para dispositivos móviles que utilizan el sistema operativo Android. Se distribuye en formato APK y puede ser instalado en dispositivos que cuenta con la versión 2.0 o superior de Android. Además, se necesita que el dispositivo tengo dentro de sus componentes de hardware un sensor GPS. A continuación se enumeran los pasos de instalación:

a. Copiar el fichero “GPS Riobamba.apk” a la memoria externa del teléfono. Para tal labor se puede conectar el dispositivo mediante un cable USB.

b. Abrir el fichero mencionado en el dispositivo móvil.

c. Si el dispositivo no permite la instalación de aplicaciones desconocidas la siguiente pantalla se mostrará. Se debe escoger la opción “Configuración”.

d. En la pantalla que se muestra a continuación se debe chequear la casilla con el texto "Orígenes Desconocidos"

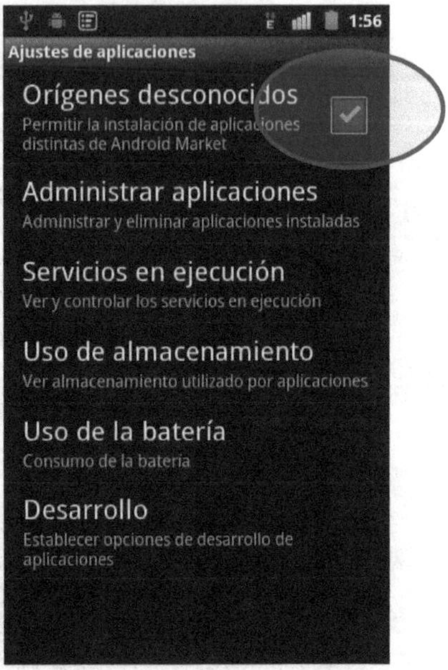

e. A continuación la instalación de la aplicación será posible y en la pantalla que se muestra a continuación se debe escoger la opción "Instalar"

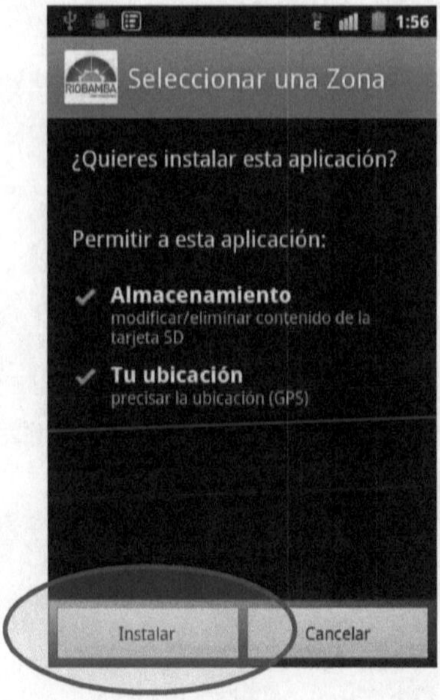

f. Una vez instalada aparecerá la siguiente ventana de confirmación. La aplicación ya está lista para ser usada.

A.3 Instalación y Configuración de PostgreSQL

La versión de PostgreSQL que se utiliza es 8.4. Se adjunta el programa instalador en el CD que acompaña este proyecto de tesis. El instalador cuenta con un asistente que va guiando al usuario en el proceso de instalación. Una vez instalado PostgreSQL se debe ejecutar la aplicación "Stack Builder" para instalar el plugin "PostGIS 1.5". De igual manera la instalación es automática.

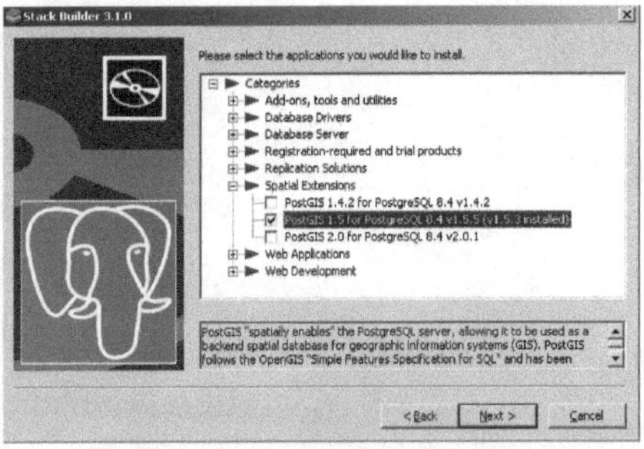

A.4 Instalación del servidor web. Apache y MapServer

El servidor web es parte medular del SIG que se implementó en este proyecto. Antes de instalar el servidor web se debe instalar los siguientes paquetes de software:

- Oracle Client Database: en su versión 9 o posterior.

Es necesario instalar el software Oracle Client para poder conectarse al servidor de base de datos Oracle. Este software es parte de los paquetes de instalación que vienen con Oracle Database. Se lo debe instalar en el equipo que tenga MapServer. A continuación se muestran los pasos de instalación.

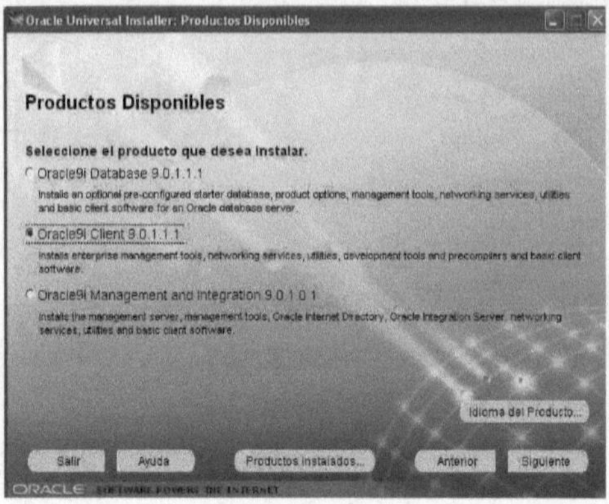

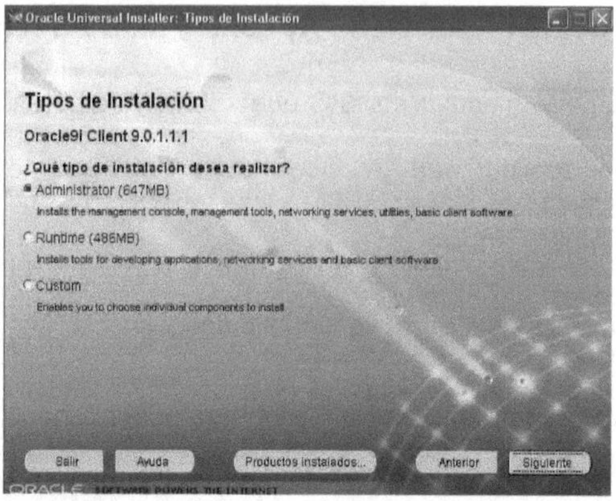

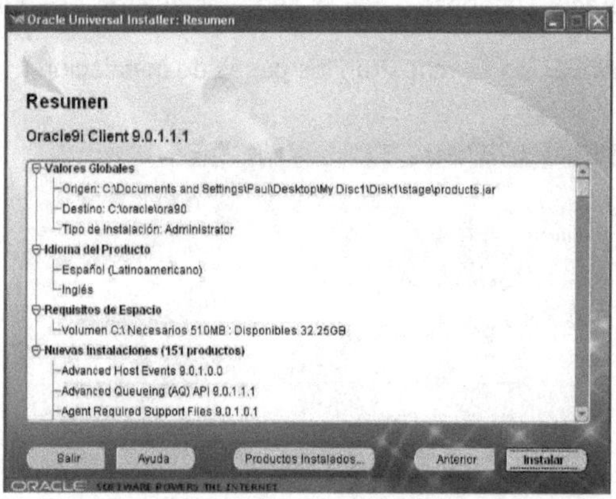

Una vez instalado, aparecerá un asistente para definir los parámetros bajo los cuales se enlazará a la base de datos Oracle.

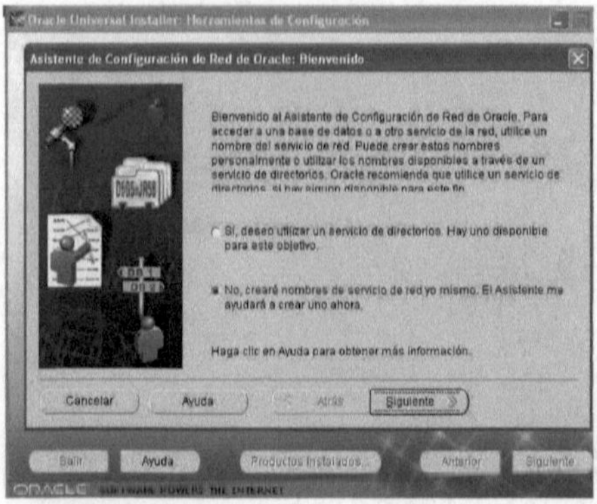
Oracle Universal Installer: Herramientas de Configuración
Asistente de Configuración de Red de Oracle: Bienvenido
Bienvenido al Asistente de Configuración de Red de Oracle. Para acceder a una base de datos o a otro servicio de la red, utilice un nombre del servicio de red. Puede crear estos nombres personalmente o utilizar los nombres disponibles a través de un servicio de directorios. Oracle recomienda que utilice un servicio de
Sí, deseo utilizar un servicio de directorios. Hay uno disponible para este objetivo.
No, crearé nombres de servicio de red yo mismo. El Asistente me ayudará a crear uno ahora.
Haga clic en Ayuda para obtener más información.
Cancelar
Ayuda
Atrás
Siguiente
Salir
Ayuda
Productos Instalados...
Anterior
Siguiente
ORACLE

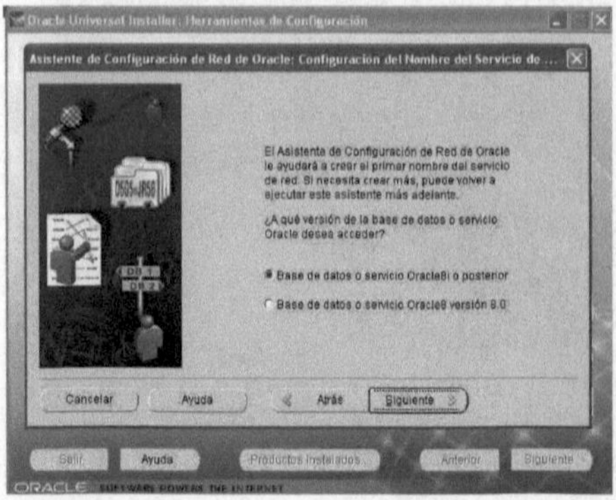
Oracle Universal Installer: Herramientas de Configuración
Asistente de Configuración de Red de Oracle: Configuración del Nombre del Servicio de ...
El Asistente de Configuración de Red de Oracle le ayudará a crear el primer nombre del servicio de red. Si necesita crear más, puede volver a ejecutar este asistente más adelante.
¿A qué versión de la base de datos o servicio Oracle desea acceder?
Base de datos o servicio Oracle8i o posterior
Base de datos o servicio Oracle8 versión 8.0
Cancelar
Ayuda
Atrás
Siguiente
Salir
Ayuda
Productos Instalados...
Anterior
Siguiente
ORACLE

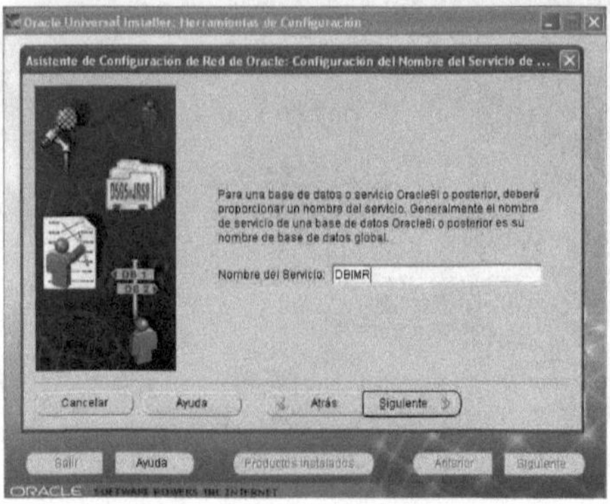
Oracle Universal Installer: Herramientas de Configuración
Asistente de Configuración de Red de Oracle: Configuración del Nombre del Servicio de ...
Para una base de datos o servicio Oracle8i o posterior, deberá proporcionar un nombre del servicio. Generalmente el nombre de servicio de una base de datos Oracle8i o posterior es su nombre de base de datos global.
Nombre del Servicio: DBIMR
Cancelar
Ayuda
Atrás
Siguiente
Salir
Ayuda
Productos Instalados...
Anterior
Siguiente
ORACLE

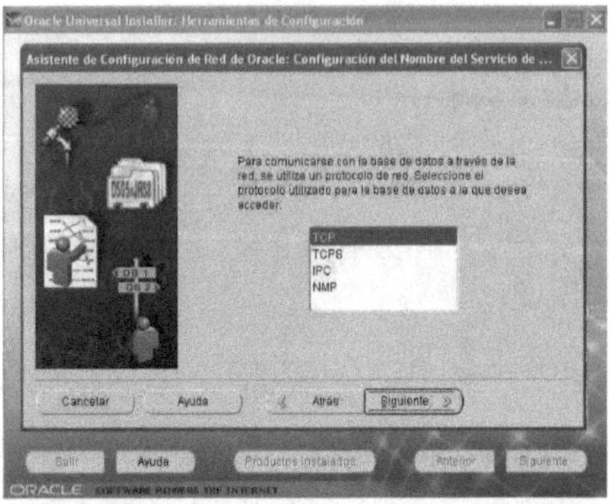
Oracle Universal Installer: Herramientas de Configuración
Asistente de Configuración de Red de Oracle: Configuración del Nombre del Servicio de ...
Para comunicarse con la base de datos a través de la red, se utiliza un protocolo de red. Seleccione el protocolo utilizado para la base de datos a la que desea acceder.
TCP
TCPS
IPC
NMP
Cancelar
Ayuda
Atrás
Siguiente
Salir
Ayuda
Productos Instalados
Anterior
Siguiente
ORACLE

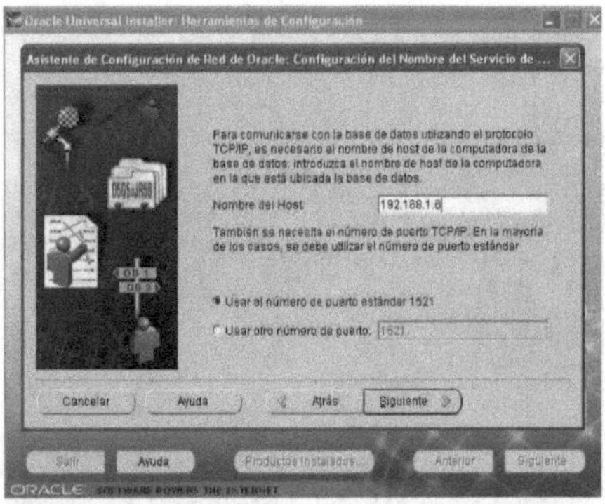
Oracle Universal Installer: Herramientas de Configuración
Asistente de Configuración de Red de Oracle: Configuración del Nombre del Servicio de ...
Para comunicarse con la base de datos utilizando el protocolo TCP/IP, es necesario el nombre de host de la computadora de la base de datos. Introduzca el nombre de host de la computadora en la que está ubicada la base de datos.
Nombre del Host
192.168.1.6
También se necesita el número de puerto TCP/IP. En la mayoría de los casos, se debe utilizar el número de puerto estándar
Usar el número de puerto estándar 1521
Usar otro número de puerto.
1521
Cancelar
Ayuda
Atrás
Siguiente
Salir
Ayuda
Productos Instalados
Anterior
Siguiente
ORACLE

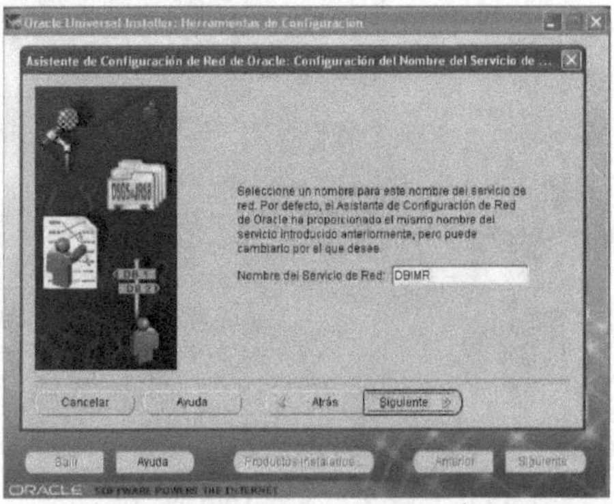
Oracle Universal Installer: Herramientas de Configuración
Asistente de Configuración de Red de Oracle: Configuración del Nombre del Servicio de ...
Seleccione un nombre para este nombre del servicio de red. Por defecto, el Asistente de Configuración de Red de Oracle ha proporcionado el mismo nombre del servicio introducido anteriormente, pero puede cambiarlo por el que desee.
Nombre del Servicio de Red:
DBIMR
Cancelar
Ayuda
Atrás
Siguiente
Salir
Ayuda
Productos Instalados
Anterior
Siguiente
ORACLE

Al seguir todos los pasos mencionados, se tendrá el software instalado. Por último se tiene que crear una conexión ODBC a través del mismo sistema operativo huésped. Esta opción se encuentra al entrar en:

Panel de Control -> Herramientas Administrativas -> Fuentes de Datos (ODBC)

A continuación se muestra los pasos de configuración que se requieren.

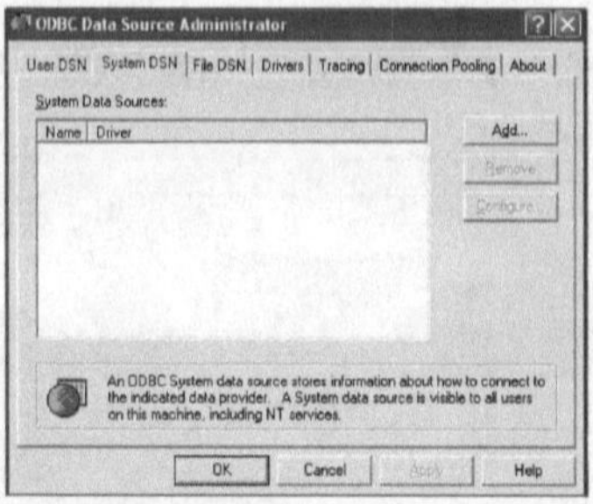

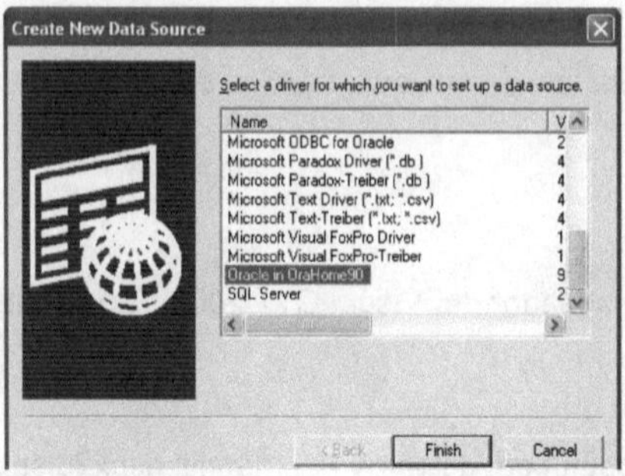

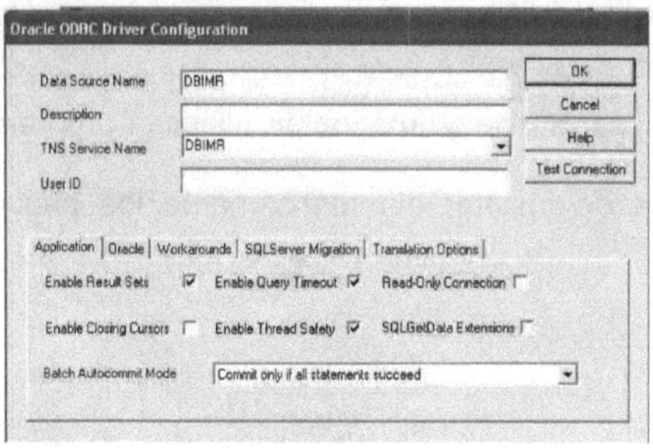

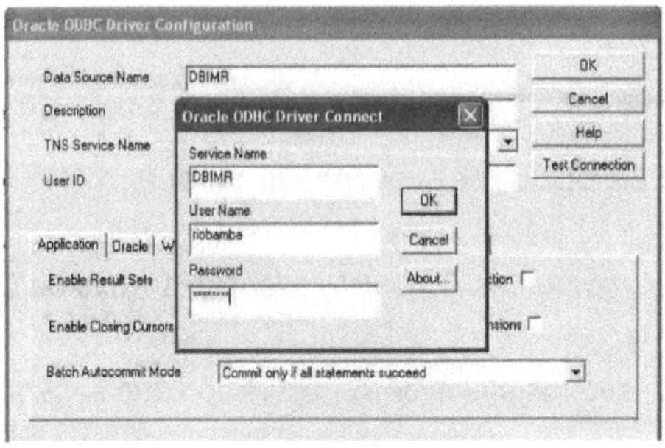

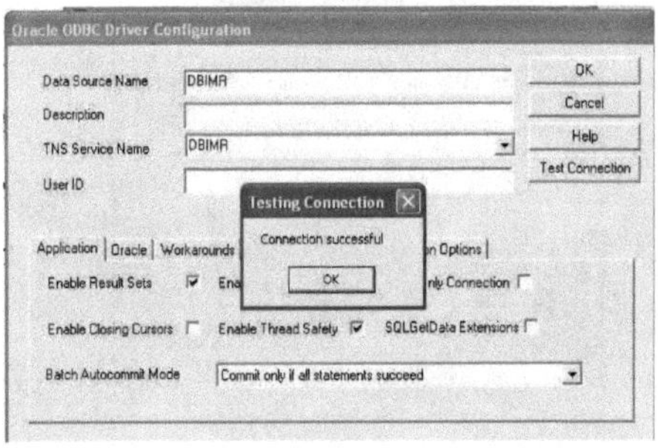

Con esto se finaliza la instalación y configuración del software Oracle Client.

- **vcredist_x86:** instalador de Visual C++ 2008. Se lo puede encontrar en la página web http://www.microsoft.com/download/en/details.aspx?displaylang=en&id=29. Es un programa instalador que se encarga de la tarea automáticamente.

Para la instalación de MapServer y Apache se utiliza el programa MS4W versión 3.0.1 que se encarga de instalar automáticamente los paquetes de software necesarios.

Para configurar adecuadamente la aplicación web dentro del servidor se deben seguir los siguientes pasos:

- En el CD existe una carpeta con el nombre *"gismap"*. Esta carpeta debe ser copiada en el el directorio *C:/.*
- El contenido de la carpeta con el nombre *"Riobamba"* debe ser copiada en el directorio *"C:\ms4w\Apache\htdocs"*.
- La carpeta con el nombre *"cache"* debe ser copiada en el directorio *"C:\ms4w\Apache\htdocs"*.
- Ingresar en el archivo

  "C:\ms4w\Apache\htdocs\Riobamba\ConexionOracle.php" y en la línea:

  $this->cid = odbc_connect('DBIMR', 'usuario', 'clave');

  Cambiar 'DBIMR' por el nombre de servicio escogido en la configuración de Oracle Client.

  Cambiar 'usuario' por el nombre de usuario asignado en la base de datos Oracle.

  Cambiar 'clave' por la contraseña asignada en la base de datos Oracle.
- Ingresar en el archivo

  "C:\ms4w\Apache\htdocs\Riobamba\CONSTANTES.php" para ingresar los parámetros de conexión a la base de datos Postgres.

  ```
  $config['database']['host'] = 'localhost';
  $config['database']['usuario'] = 'postgres';
  $config['database']['pass'] = 'pbarriga';
  $config['database']['name'] = 'DBIMR';
  ```

- Por último se debe especificar la IP o dominio en el cual se encuentra ubicada la aplicación en la línea

  $config['host'] = '192.168.1.8';

Anexo B: Código Fuente Relevante de la Aplicación

B.1 MapServer

B.1.1 /gismap/Riobamba.map

```
MAP
  NAME map_generated_by_gvsig
 EXTENT -78.7043874675 -1.70557489343053 -78.6178825325 -1.6311700000000002
  SYMBOLSET "Riobamba.sym"
  MAXSIZE 3072
  FONTSET "fonts.txt"
  LEGEND
     IMAGECOLOR -1 -1 -1
     LABEL
        FONT "vera"
        ANGLE FOLLOW
        COLOR 0 0 0
        ENCODING "UTF-8"
        TYPE truetype
        SIZE 8
     END
     STATUS ON
     TRANSPARENT ON
  END
  WEB
     METADATA
        "wms_encoding" "UTF-8"
        "wms_title" "Riobamba"
        "wms_abstract" "Cartografía de la ciudad de Riobamba, en dónde se incluye la información geográfica correspondiente a los principales locales comerciales ubicados en la urbe."
        "wms_srs" " EPSG:4326 ESRI:4326"
        "wms_onlineresource" "http://216.172.109.138:80/cgi-bin/mapserv.exe?map=C%3A%5Cgismap%5CRiobamba.map"
     END
  END
  PROJECTION
     "init=esri:4326"
  END
  LAYER
     NAME "Calles"
     STATUS ON
     TYPE ANNOTATION
     DATA "the_geom from public.calle using unique gid using srid=4326"
     CONNECTIONTYPE POSTGIS
     CONNECTION "user=postgres password=p0stgr4s host=localhost port=5432 dbname=DBIMR"
     MAXSCALE -1.0
     MINSCALE -1.0
     TRANSPARENCY 84
     SIZEUNITS pixels
     LABELITEM "nombre"
```

```
      PROJECTION
         "init=epsg:4326"
      END
      CLASS
         STYLE
            COLOR 255 255 51
            WIDTH 3
         END
         NAME "default"
         LABEL
            FONT "vera"
            ANGLE FOLLOW
            COLOR 99 0 0
            TYPE truetype
            SIZE 12
         END
      END
      METADATA
         "wms_title" "Calle"
         "wms_abstract" "Cartografía correspondiente a las calles de la ciudad de Riobamba, incluyendo sus respectivos nombres."
         "wms_extent" "-78.699786248537 -1.70557489343053 -78.6213856354082 -1.6340186935996"
         "gml_include_items" "all"
      END
   END # Layer
   LAYER
      NAME "Riobamba Satelital"
      STATUS ON
      TYPE RASTER
      DATA "C:\gvSIG_Riobamba\Raster\ortofoto_4326.png"
      MAXSCALE -1.0
      MINSCALE -1.0
      OPACITY 65
      PROJECTION
         "init=esri:4326"
      END
      METADATA
         "wms_title" "Riobamba Satelital"
         "wms_abstract" "Mapa Satelital de la ciudad de Riobamba
"
         "wms_extent" "-78.7043874675 -1.6972800000000001 -78.6178825325 -1.6311700000000002"
         "gml_include_items" "all"
      END
   END # Layer
   LAYER
      NAME "Riobamba OpenStreetMap"
      STATUS ON
      TYPE RASTER
      DATA "C:\gvSIG_Riobamba\Raster\osm_4326.png"
      MAXSCALE -1.0
      MINSCALE -1.0
      TRANSPARENCY 100
      PROJECTION
         "init=esri:4326"
      END
      METADATA
         "wms_title" "Riobamba OpenStreetMap"
         "wms_abstract" ""
```

```
        "wms_extent" "-78.6993730982795 -1.705498531392671 -78.62359819344529 -1.6385477521540484"
        "gml_include_items" "all"
      END
    END # Layer
END # Map File
```

Anexo C: Documentación del software desarrollado

C.1 Aplicación móvil para dispositivos con Android.

La aplicación móvil fue desarrollada usando el IDE Eclipse. Es instalable en cualquier dispositivo con Android 2.1 o superior. Se encuentra conformada por las siguientes clases:

- BuscadorActivity.java
- CategoriaActivity.java
- Establecimiento.java
- EstablecimientosActivity.java
- GPSRiobambaActivity.java
- GuardarInformacionActivity.java
- ResultadosActivity.java
- SectorActivity.java

BuscadorActivity.java

Actividad que se encarga de mostrar en pantalla un cuadro para ingresar texto y un botón. Su función es tomar el texto y buscar coincidencias del mismo dentro de la lista de archivos que contiene información de las actividades económicas.

Definición de métodos

onCreate

public void **onCreate**(Bundle icicle)

Punto de inicio de la actividad, es en dónde se carga el layout a dibujar.

onClick

public void **onClick**(View v)

Manejador de eventos de la actividad.

---

buscar

private void **buscar**()

Se encarga de iniciar un cuadro de espera e iniciar un hilo de ejecución dentro del cual se realizará la búsqueda.

---

leerXML

private void **leerXML**(java.lang.String archivo)

Lee un archivo XML para identificar la información de los establecimientos comerciales.

Parameters:

archivo - Nombre del archivo a leer.

---

contieneTexto

private boolean **contieneTexto**(java.lang.String nombre,
java.lang.String contribuyente)

Método que se encarga de buscar el texto ingresado en los campos nombre y contribuyente de un establecimiento.

Parameters:

nombre - Nombre del establecimiento.

contribuyente - Nombre del contribuyente.

Returns:

verdadero si se encuentra el texto o falso si no.

---

obtenerArchivos

private java.util.ArrayList<java.lang.String> **obtenerArchivos**()

Obtiene una lista de archivos válidos para leer de ellos la información de los establecimientos comerciales.

Returns:

Una lista de archivos válidos disponibles.

---

run

public void **run**()

Inicio de un nuevo hilo de ejecución dentro del cual se realiza la búsqueda.

Specified by:

run in interface java.lang.Runnable

CategoriaActivity.java

Clase por la cual empieza la ejecución de la aplicación móvil.

Su función es acceder a la tarjeta SD del teléfono para buscar archivos con extensión xml que describen actividades económicas de las cuales se quiere recolectar información geográfica (latitud y longitud).

Por último muestra en pantalla una lista con las actividades encontradas e implementa un manejador de eventos para pasar a la actividad EstablecimientosActivity una vez que un item de aquella lista ha sido seleccionado.

Definición de métodos.

onCreate

public void **onCreate**(Bundle icicle)

Inicia la ejecución de la aplicación. Crea el layout y lo hace visible en la pantalla del dispositivo.

---

onCreateOptionsMenu

public boolean **onCreateOptionsMenu**(Menu menu)

Método que se encarga de especificar cual es el layout del menú.

---

onOptionsItemSelected

public boolean **onOptionsItemSelected**(MenuItem item)

Manejador de eventos que verifica si se ha pulsado una opción del menú.

---

onKeyUp

public boolean **onKeyUp**(int keyCode,

KeyEvent event)

Manejador de eventos que se llama automáticamente cuando se presiona el botón físico buscar.

---

onListItemClick

public void **onListItemClick**(ListView parent,

View v,

int position,

long id)

Manejador de eventos que intercepta cuando se realiza un evento de tipo click sobre un elemento de la lista que se presenta en pantalla.

Identifica el elemento seleccionado para pasarlo com parámetro al iniciar la actividad *EstablecimientosActivity*.

---

obtenerCategorias

private void **obtenerCategorias**()

Accede a la tarjeta SD del dispositivo. Busca el directorio con nombre "Riobamba" y dentro del mismo busca todos los archivos con extensión XML que tengan el siguiente formato "z??-s??-*nombre*-act.xml". Donde *nombre* representa el nombre de la actividad económica, *-act* es el token que indica que es un archivo que la aplicación debe leer. Cuando se identifica un archivo como válido toma el nombre de la actividad y lo agrega a la lista de actividades.

---

isSDavailable

private boolean **isSDavailable**()

Indica si la tarjeta SD es accesible por la aplicación

Returns:

true indica que la tarjeta SD si está disponible para ser usada por la aplicación

Establecimiento.java

Clase que almacena la información concerniente a un establecimiento.

Además, provee los métodos necesarios para guardar la información en un archivo de tipo XML.

Definición de métodos

getId

public java.lang.Integer **getId**()

Obtiene el id del establecimiento.

Returns:

Devuelve el id del establecimiento.

---

setId

public void **setId**(java.lang.Integer id)

Fija el valor de id.

Parameters:

id - El id del establecimiento.

---

getNombre

public java.lang.String **getNombre**()

Obtiene el nombre del establecimiento.

Returns:

Devuelve el nombre del establecimiento.

---

setNombre

public void **setNombre**(java.lang.String nombre)

Establece el nombre del establecimiento.

Parameters:

nombre - El nombre del establcimiento.

---

getDireccion

public java.lang.String **getDireccion**()

Obtiene la dirección del establecimiento.

Returns:

Devuelve la dirección del establecimiento.

---

setDireccion

public void **setDireccion**(java.lang.String direccion)

Establece la dirección del establecimiento.

Parameters:

direccion - La dirección del establecimiento.

---

getLongitud

public double **getLongitud**()

Obtiene la coordenada longitud del establecimiento.

Returns:

Devuelve la coordinada longitud del establecimiento.

---

setLongitud

public void **setLongitud**(double longitud)

Establece el valor de la coordenada longitud del establecimiento.

Parameters:

longitud - La coordinada longitud del establecimiento.

---

getLatitud

public double **getLatitud**()

Obtiene la coordenada latitud del establecimiento.

Returns:

Devuelve la coordinada latitud del establecimiento.

---

setLatitud

public void **setLatitud**(double latitud)

Establece el valor de la coordenada latitud del establecimiento.

Parameters:

longitud - La coordinada latitud del establecimiento.

---

getPrecision

public double **getPrecision**()

Obtiene la precisión en metros con la cual se tomaron los datos geográficos.

Returns:

Devuelve la precisión en metros con la cual se tomaron los datos geográficos.

---

setPrecision

public void **setPrecision**(double precision)

Establece el valor de la precisión en metros con la cual se tomaron los datos geográficos.

Parameters:

precision - La precisión en metros con la cual se tomaron los datos geográficos.

---

getContribuyente

public java.lang.String **getContribuyente**()

---

getObservaciones

public java.lang.String **getObservaciones**()

---

setObservaciones

public void **setObservaciones**(java.lang.String observaciones)

---

setNombreArchivo

public void **setNombreArchivo**(java.lang.String archivo)

---

getNombreArchivo

public java.lang.String **getNombreArchivo**()

---

toXML

public void **toXML**(java.lang.String nombre_archivo)

Guarda el archivo XML que almacena la información que se tiene del establecimiento. Lo guarda en la tarjeta SD dentro del directorio "/Riobamba/archivos". El nombre del archivo es la categoría a la cual pertenece el establecimiento adicionado su identificador único.

Parameters:

nombre_archivo - El nombre del archivo con el cual se lo va a almacenar.

EstablecimientosActivity.java

Actividad que se encarga de tomar un archivo XML con el formato apropiado, leer su información y obtener una lista de establecimientos en él almacenados.

Genera una lista de los establecimientos y los muestra en pantalla. Si los establecimientos de la lista ya tienen almacenada información geográfica, en la lista se muestra un icono verde con forma de visto. Caso contario, se muestra un icono rojo con forma de equis.

Definición de métodos.

onCreate

public void **onCreate**(Bundle icicle)

> Inicio de la actividad, se encarga de la presentación visual de los elementos que harán parte de la pantalla que se visualizará. Es decir, la lista de elementos con sus respectivos iconos.

---

onListItemClick

public void **onListItemClick**(ListView parent,

View v,

int position,

long id)

Manejador de eventos que intercepta cuando se realiza un evento de tipo click sobre un elemento de la lista de establecimientos que se presenta en pantalla.

Identifica el elemento seleccionado para pasarlo com parámetro al iniciar la actividad *GuardarInformacionActivity*.

---

leerXML

private void **leerXML**(java.lang.String archivo)

Analiza el archivo de tipo XML que recibe como parámetro para identificar dentro del mismo la lista de establecimientos allí almacenados. Toma la información de cada establecimiento para formar una lista que a posterior será presentada en la pantalla.

Parameters:

archivo - Nombre del archivo XML que se va a analizar.

---

crearEstablecimiento

private <u>Establecimiento</u> **crearEstablecimiento**(java.lang.Integer id,
java.lang.String nombre,
java.lang.String direccion,
java.lang.String contribuyente)

Se encarga de crear un objeto de tipo *Establecimiento*.

Parameters:

id - Identificador único del establecimiento.

nombre - Nombre del establecimiento.

direccion - Dirección del establecimiento.

contribuyente - Nombre del contribuyento del establecimiento.

Returns:

Devuelve un objeto de tipo *Establecimiento* con los valores recibidos.

GPSRiobambaActivity.java

Clase por la cual empieza la ejecución de la aplicación móvil.

Su función es acceder a la tarjeta SD del teléfono para buscar archivos con extensión xml que describen actividades económicas de las cuales se quiere recolectar información geográfica (latitud y longitud).

Por último muestra en pantalla una lista con las actividades encontradas e implementa un manejador de eventos para pasar a la actividad EstablecimientosActivity una vez que un item de aquella lista ha sido seleccionado.

Definición de métodos.

onCreate

public void **onCreate**(Bundle icicle)

Inicia la ejecución de la aplicación. Crea el layout y lo hace visible en la pantalla del dispositivo.

---

onListItemClick

public void **onListItemClick**(ListView parent,

View v,

int position,

long id)

Manejador de eventos que intercepta cuando se realiza un evento de tipo click sobre un elemento de la lista que se presenta en pantalla.

Identifica el elemento seleccionado para pasarlo com parámetro al iniciar la actividad *SectorActivity*.

---

obtenerZonas

private void **obtenerZonas**()

Accede a la tarjeta SD del dispositivo. Busca el directorio con nombre "Riobamba" y dentro del mismo busca todos los archivos con extensión XML que tengan el siguiente formato "*z??-s??-nombre*-act.xml". Donde *nombre* representa el nombre de la actividad económica, *-act* es el token que indica que es un archivo que la aplicación debe leer. Cuando se identifica un archivo como válido toma el nombre de la actividad y lo agrega a la lista de zonas.

isSDavailable

private boolean **isSDavailable**()

Indica si la tarjeta SD es accesible por la aplicación

Returns:

true indica que la tarjeta SD si está disponible para ser usada por la aplicación

GuardarInformacionActivity.java

Actividad que se encarga de tomar un establecimiento y muestra su información relacionada. Activa el GPS, obtiene las coordenadas geográficas, precisión de la ubicación y las almacena en un archivo de tipo XML.

Definición de métodos.

onCreate

public void **onCreate**(Bundle icicle)

Inicio de la actividad, se encarga de la presentación visual de los elementos que harán parte de la pantalla que se visualizará.

onClick

public void **onClick**(View v)

Manejador de eventos que intercepta los eventos de tipo click que se realicen sobre los botones que se presentan en pantalla. Si el evento se realiza sobre el botón con la etiqueta "Capturar", la aplicación accede a los servicios del GPS para obtener longitud, latitud y precisión del punto en el cual se encuentra el usuario. Si el evento se realiza sobre el botón guardar, toma la información capturada y la guarda en un archivo XML.

---

obtenerCoordenadas

private void **obtenerCoordenadas**()

Accede al GPS del dispositivo para tomar la información geográfica disponible.

---

run

public void **run**()

Inicia una tarea en la cual se espera por la recepción de señal de los satélites por parte del GPS del dispositivo.

Specified by:

run in interface java.lang.Runnable

---

setCurrentLocation

private void **setCurrentLocation**(Location loc)

Establece el valor actual de la ubicación encontrada

Parameters:

loc - Ubicación actual identificada por el GPS

ResultadosActivity

Clase que se encarga de mostrar en pantalla un lista de items. Esta lista de items corresponde a los resultados que se obtuvieron al hacer una búsqueda en la actividad BuscadorActivity.java.

Definición de métodos.

onCreate

public void **onCreate**(Bundle icicle)

Método por el cual inicia la actividad. Se encarga de mostrar en pantalla una lista con todos los resultados obtenidos en la actividad BuscadorActivity.java.

---

onListItemClick

public void **onListItemClick**(ListView parent,

View v,

int position,

long id)

Manejador de eventos que intercepta cuando se realiza un evento de tipo click sobre un elemento de la lista de establecimientos que se presenta en pantalla.

Identifica el elemento seleccionado para pasarlo com parámetro al iniciar la actividad *GuardarInformacionActivity.*

SectorActivity.java

Clase cuya función es acceder a la tarjeta SD del teléfono para buscar archivos con extensión xml que describen actividades económicas de las cuales se quiere recolectar información geográfica (latitud y longitud).

Por último muestra en pantalla una lista con los sectores encontradas e implementa un manejador de eventos para pasar a la actividad EstablecimientosActivity una vez que un item de aquella lista ha sido seleccionado.

Definición de métodos.

onCreate

public void **onCreate**(Bundle icicle)

Inicia la ejecución de la aplicación. Crea el layout y lo hace visible en la pantalla del dispositivo.

---

onListItemClick

public void **onListItemClick**(ListView parent,

View v,

int position,

long id)

Manejador de eventos que intercepta cuando se realiza un evento de tipo click sobre un elemento de la lista que se presenta en pantalla.

Identifica el elemento seleccionado para pasarlo com parámetro al iniciar la actividad *CategoriaActivity*.

---

obtenerSectores

private void **obtenerSectores**()

Accede a la tarjeta SD del dispositivo. Busca el directorio con nombre "Riobamba" y dentro del mismo busca todos los archivos con extensión XML que tengan el siguiente formato "*z??-s??-nombre*-act.xml". Donde *nombre* representa el nombre de la actividad económica, *-act* es el token que indica que es un archivo que la aplicación debe leer. Cuando se identifica un archivo como válido toma el nombre de la actividad y lo agrega a la lista de sectores.

---

isSDavailable

private boolean **isSDavailable**()

Indica si la tarjeta SD es accesible por la aplicación

Returns:

true indica que la tarjeta SD si está disponible para ser usada por la aplicación

C.2 Aplicación de escritorio. SIG Riobamba.

La aplicación “Generador de archivos XML DBIMR” fue desarrollada usando el ambiente Netbeans. El sistema consta de doce clases y estas son:

- ConexionOracle.java
- ConexionPostgreSQL.java
- Aplicación.java
- AplicacionAboutBox.java
- AplicacionView.java
- EscribirXML.java
- Establecimiento.java
- GeneradorPDF.java
- InformacionOracle.java
- InformacionPostgreSQL.java
- LeerXML.java
- LogVisual.java

ConexionOracle.java

Clase de tipo singleton dentro de la cual se engloba la conexión a la base de datos Oracle 9i. Provee métodos para la conexión y ejecución de sentencias SQL dentro del motor de base de datos.

Descripción de métodos.

getInstance

public static ConexionOracle **getInstance**()

Obtiene una instancia de la clase *ConexionOracle* para que pueda ser usada de manera compartida por todas las clases desde las cuales se requiera.

Returns:

Una instancia estática de la clase ConexionOracle.

---

conectar

public boolean **conectar**()

Se conecta a la base de datos Oracle al hacer uso de la librería JDBC correspondiente y bajo los parámetros de conexión que se le hayan pasado.

Returns:

true si la conexión a la base de datos es exitosa.

---

obtenerZonas

public java.sql.ResultSet **obtenerZonas**()

Ejecuta una sentencia SQL en la base de datos para la obtención de las zonas en las cuales se divide la ciudad de Riobamba.

Returns:

Una instancia de la clase ResultSet con la lista de zonas consultadas.

---

obtenerSectores

public java.sql.ResultSet **obtenerSectores**(java.lang.String zona)

Ejecuta una sentencia SQL en la base de datos para obtener los sectores que existen dentro de una determinada zona de la ciudad de Riobamba.

Parameters:

zona - La zona de la cual se quieren obtener los sectores.

Returns:

Una instancia de la clase ResultSet con una lista de los sectores correspondientes a una zona en específico

---

obtenerEstablecimientos

public java.sql.ResultSet **obtenerEstablecimientos**(java.lang.String zona,
java.lang.String sector)

Ejecuta una sentencia SQL en el motor de la base de datos Oracle que obtiene información sobre los establecimientos comerciales presentes en el sistema filtrados por la zona y sector al cual pertenecen.

Parameters:

zona - La zona a la cual pertenecen los establecimientos que se van a consultar en la base de datos.

sector - El sector al cual pertenecen los establecimientos que se van a consultar en la base de datos.

Returns:

Una instancia de la clase ResultSet con la lista de los establecimientos seleccionados.

---

obtenerEstablecimientoPorId

public java.sql.ResultSet **obtenerEstablecimientoPorId**(int id)

Ejecuta una sentencia SQL en el motor de base de datos para obtener un establecimiento es específico al buscarlo a través de su clave primaria.

Parameters:

id - La clave primaria a través de la cual se hará la búsqueda de un establecimiento.

Returns:

Una instancia de la clase ResultSet con el establecimiento consultado.

---

obtenerEstablecimientosPorCategoria

public java.util.ArrayList<Establecimiento> **obtenerEstablecimientosPorCategoria**(java.lang.String zona,
java.lang.String sector,
java.lang.String categoria)

Obtiene una lista de establecimientos filtrados por una zona, sector y categoría en específico.

Parameters:

zona - Zona de la cual se quiere obtener los resultados.

sector - Sector del cual se quiere obtener los resultados.

categoria - Categoría a la cual pertenecen los resultados que se quieren obtener.

Returns:

Una lista de establecimientos.

---

obtenerCategorias

public java.sql.ResultSet **obtenerCategorias**(java.lang.String zona,
java.lang.String sector)

Obtener una lista de categorías pertenecientes a una zona y sector específicos.

Parameters:

zona - Zona de la cual se quieren obtener los resultados.

sector - Sector del cual se quiern obtener los resultados.

Returns:

Una instancia de la clase ResultSet con las categorías consultadas.

---

getUsuario

public java.lang.String **getUsuario**()

Returns:

El usuario que se utiliza en la base de datos.

---

setUsuario

public void **setUsuario**(java.lang.String usuario)

Parameters:

usuario - El usuario que se utiliza en la base de datos.

---

getClave

public java.lang.String **getClave**()

Returns:

El valor de la clave de la base de datos.

---

setClave

public void **setClave**(java.lang.String clave)

Parameters:

clave - El valor de la clave de la base de datos.

---

getNombreDB

public java.lang.String **getNombreDB**()

Returns:

El nombre de la base de datos a la cual se desea conectar.

---

setNombreDB

public void **setNombreDB**(java.lang.String nombreDB)

Parameters:

nombreDB - El nombre de la base de datos que se desea establecer.

---

getHost

public java.lang.String **getHost**()

Returns:

El host que se utiliza para la conexión a la base de datos.

---

setHost

public void **setHost**(java.lang.String host)

Parameters:

host - El host que se desea establecer para la conexión.

---

getPuerto

public int **getPuerto**()

Returns:

El puerto en el cual el servidor de base de datos se encuentra escuchando.

---

setPuerto

public void **setPuerto**(int puerto)

Parameters:

puerto - El valor del puerto que se desea establecer.

ConexionPostgreSQL.java

Clase de tipo singleton dentro de la cual se engloba la conexión a la base de datos PostgreSQL. Provee métodos para la conexión y ejecución de sentencias SQL dentro del motor de base de datos.

Descripción de métodos.

ConexionPostreSQL

protected **ConexionPostreSQL**()

Constructor de la clase.

getInstance

public static ConexionPostreSQL **getInstance**()

Obtiene una instancia de la clase *ConexionPostgreSQL* para que pueda ser usada de manera compartida por todas las clases desde las cuales se requiera.

Returns:

Una instancia estática de la clase ConexionPostgreSQL.

---

conectar

public boolean **conectar**()

Se conecta a la base de datos PostgreSQL al hacer uso de la librería JDBC correspondiente y bajo los parámetros de conexión que se le hayan pasado.

Returns:

true si la conexión a la base de datos es exitosa.

---

existeTabla

public boolean **existeTabla**(java.lang.String nombreTabla)

Se encarga de comprobar que la tabla que corresponde a una categoría de actividad económica exista dentro de la base de datos.

Parameters:

nombreTabla - Nombre de la tabla que se desea consultar.

Returns:

true si la tabla existe dentro de la base de datos.

---

crearTabla

public void **crearTabla**(java.lang.String nombreTabla)

Crea una tabla dentro de la base de datos.

Parameters:

nombreTabla - Nombre de la tabla que se desea crear.

---

guardarEstablecimiento

public void **guardarEstablecimiento**(Establecimiento establecimiento)

Guarda la información referente a un establecimiento dentro de la base de datos

Parameters:

establecimiento - Establecimiento que se desea guardar dentro de la base de datos.

---

actualizarEstablecimiento

public void **actualizarEstablecimiento**(Establecimiento establecimiento)

Actualiza la información de un establecimiento dentro de la base de datos.

Parameters:

establecimiento - Establecimiento cuya infomrmación se desea actualizar.

---

insertarEstablecimiento

public void **insertarEstablecimiento**(Establecimiento establecimiento)

Inserta la información de un nuevo establecimiento dentro de la base de datos.

Parameters:

establecimiento - Establecimiento que se desea insertar en la base de datos.

---

existeEstablecimiento

public boolean **existeEstablecimiento**(Establecimiento establecimiento)

Verifica si un establecimiento ya se encuentra almacenado en la base de datos.

Parameters:

establecimiento - Establecimiento que se desea buscar en la base de datos.

Returns:

true si el establecimiento ya existe.

---

getUsuario

public java.lang.String **getUsuario**()

Returns:

the usuario

---

setUsuario

public void **setUsuario**(java.lang.String usuario)

Parameters:

usuario - the usuario to set

---

getClave

public java.lang.String **getClave**()

Returns:

the clave

---

setClave

public void **setClave**(java.lang.String clave)

Parameters:

clave - the clave to set

---

getNombreDB

public java.lang.String **getNombreDB**()

Returns:

the nombreDB

---

setNombreDB

public void **setNombreDB**(java.lang.String nombreDB)

Parameters:

nombreDB - the nombreDB to set

---

getHost

public java.lang.String **getHost**()

Returns:

the host

---

setHost

public void **setHost**(java.lang.String host)

Parameters:

host - the host to set

---

getPuerto

public int **getPuerto**()

Returns:

the puerto

---

setPuerto

public void **setPuerto**(int puerto)

Parameters:

puerto - the puerto to set

Aplicación .java

Clase principal de la aplicación. Contiene el método main y es el punto de entrada de ejecución del programa.

Descripción de métodos

startup

protected void **startup**()

Crea el frame principal de la aplicación y lo muestra en pantalla.

Specified by:

startup in class org.jdesktop.application.Application

---

configureWindow

protected void **configureWindow**(java.awt.Window root)

Este método inicializa la ventana especificada al hacer inyección de recursos. Las ventanas que se muestran en esta aplicación se inicializan completamente desde el constructor del GUI. Así que la configuración a través de este método.

Overrides:

configureWindow in class org.jdesktop.application.SingleFrameApplication

---

getApplication

public static Aplicacion **getApplication**()

Obtiene una instancia estática de la clase Aplicacion.java

Returns:

Una instancia de la clase Aplicacion.java

---

main

public static void **main**(java.lang.String[] args)

Método *main* a través del cual empieza la ejecución del programa.

AplicacionAboutBox.java

Se encarga de la generación de una ventana con la información de la aplicación.

AplicacionView.java

Clase que se encarga de la generación del frame visual y todos sus componentes internos.

Definición de métodos.

showAboutBox

@Action

public void **showAboutBox**()

Muestra el cuadro de diáologo con el apartado *Acerca de* con información básica sobre la aplicación.

---

mostrarConexionOracle

@Action

public void **mostrarConexionOracle**()

Obtiene una instancia de la clase ConexionOracle.java y la hace visible.

---

dibujarTablaEstablecimientos

public void **dibujarTablaEstablecimientos**(java.lang.String zona,

java.lang.String sector)

Método que toma datos con información de establecimientos comerciales de la base de datos Oracle 9i del Municipio de Riobamba. Utiliza esta información para llenar una tabla que se presenta en la aplicación.

Parameters:

zona - Es la zona a la cual pertenecen los establecimientos que serán consultados.

sector - Es el sector al cual pertenecen los establecimientos que serán consultados.

---

dibujarZonas

public void **dibujarZonas**()

Método que se encarga de realizar una consulta a la base de datos Oracle 9i del Municipio de Riobamba para obtener la lista de zonas y sectores existentes dentro del sistema de patentes.

---

generarXML

@Action

public void **generarXML**()

Genera un archivo de tipo XML en el cual se escribe una lista con la representación de la información de los establecimientos consultados.

Toma la información que al momento se encuentra visualmente disponible en la pantalla de la aplicación dentro de la tabla en la cual se ubica la lista de establecimientos comerciales consultados.

ImprimirInformacion

@Action

public void **ImprimirInformacion**()

Envía a la impresora la información contenida en la tabla de establecimientos comerciales para que pueda ser impresa.

---

mostrarConexionPostgres

@Action

public void **mostrarConexionPostgres**()

Obtiene una instancia de la clase ConexionPostreSQL.java y muestra un cuadro de diálogo en dónde se puede ingresar los parámetros necesarios para realizar una conexión con la base de datos PostgreSQL.

---

leerXML

@Action

public void **leerXML**()

Lee uno o varios archivos XML con información sobre establecimientos comerciales y la guarda dentro de la base de datos espacial PostgreSQL.

Se debe llamar después de haber conectado la aplicación a la base de datos PostgreSQL.

EscribirXML.java

Clase encargada de tomar información de establecimientos comerciales visible en un JTable para escribir archivos de tipo XML que contengan una representación de dicha información.

Definición de métodos.

guardarFicheros

public void **guardarFicheros**()

Toma lista de categorías para obtener los establecimientos que corresponden y escribir ficheros XML con la información concerniente.

---

guardarFichero

public void **guardarFichero**(java.util.ArrayList<Establecimiento> establecimientos,

java.lang.String categoria)

Método que se encarga de la generación de un fichero XML con la información de los establecimientos comerciales. Almacena el archivo dentro del directorio en el cual se ejecuta la aplicación.

Establecimiento.java

Clase que guarda una representación de un establecimiento comercial.

Definición de métodos.

getCategoria

public java.lang.String **getCategoria**()

Obtiene la categoría a la cual pertenece el establecimiento.

Returns:

La categoría a la cual pertenece el establecimiento.

---

setCategoria

public void **setCategoria**(java.lang.String categoria)

Establece el valor de la categoría a la cual pertenece el establecimiento.

Parameters:

categoria - El valor de la categoría del establecimiento.

---

getId

public int **getId**()

Devuelve el identificador único del establecimiento.

Returns:

El id del establecimiento.

---

setId

public void **setId**(int id)

Establece el valor del identificador del establecimiento

Parameters:

id - El nuevo id del establecimiento.

---

getLatitud

public java.lang.String **getLatitud**()

Obtiene la coordenada latitud en la cual está ubicado el establecimiento.

Returns:

La latitud del establecimiento.

---

setLatitud

public void **setLatitud**(java.lang.String latitud)

Establece el valor de la coordenada latitud en la cual se ubica el establecimiento.

Parameters:

latitud - El valor de la latitud que se establecerá.

---

getLongitud

public java.lang.String **getLongitud**()

Devuelve el valor de la coordenada longitud en la cual se ubica el establecimiento.

Returns:

La longitud en donde está ubicado el establecimiento.

---

setLongitud

public void **setLongitud**(java.lang.String longitud)

Establece el valor de la longitud de un establecimiento.

Parameters:

longitud - La longitud que se establecerá para el establecimiento.

---

getObservaciones

public java.lang.String **getObservaciones**()

Returns:

Devuelve las observaciones del establecimiento.

---

setObservaciones

public void **setObservaciones**(java.lang.String observaciones)

Parameters:

observaciones - El valor de las observaciones que se asignará.

---

getDireccion

public java.lang.String **getDireccion**()

Returns:

La dirección del establecimiento.

---

setDireccion

public void **setDireccion**(java.lang.String direccion)

Parameters:

direccion - La dirección que se asignará al establecimiento.

getRazon_social

public java.lang.String **getRazon_social**()

Returns:

El nombre del establecimiento.

---

setRazon_social

public void **setRazon_social**(java.lang.String razon_social)

Parameters:

razon_social - El nombre del establecimiento que se asignará.

---

getContribuyente

public java.lang.String **getContribuyente**()

Returns:

El nombre del representante legal del establecimiento.

---

setContribuyente

public void **setContribuyente**(java.lang.String contribuyente)

Parameters:

contribuyente - El nombre del contribuyente que se asignará.

GeneradorPDF.java

Clase que sirve para generar un archivo de tipo PDF para notificación de las observaciones que puedan existir referentes a un establecimiento comercial.

Definición de métodos.

generar

public void **generar**()

Método que se encarga de generación del fichero PDF.

InformacionOracle.java

Clase que muestra un cuadro de diálogo en el cual se pueden escribir los parámetros necesarios para realizar conexión a la base de datos Oracle 9i.

Definición de métodos.

getReturnStatus

public int **getReturnStatus**()

Returns:

El código de retorno de este cuadro de diálogo.

---

main

public static void **main**(java.lang.String[] args)

Método main en caso de que se quiera ejecutar este cuadro de diálogo como aplicación stand alone.

Parameters:

args - the command line arguments

InformacionPostgreSQL.java

Clase que muestra un cuadro de diálogo en el cual se pueden escribir los parámetros necesarios para realizar conexión a la base de datos PostgreSQL.

Definición de métodos.

getReturnStatus

public int **getReturnStatus**()

Returns:

El código de retorno de este cuadro de diálogo.

---

main

public static void **main**(java.lang.String[] args)

Método main en caso de que se quiera ejecutar este cuadro de diálogo como aplicación stand alone.

Parameters:

args - the command line arguments

LeerXML.java

Clase encargada de tomar una lista de ficheros con extensión XML, analizar la información contenida en los mismos, extraerla y por último almacenarla en la base de datos PostgreSQL.

Definición de métodos.

procesar

public void **procesar**()

Se encarga de recorrer la lista de archivos XML e intentar extraer información referente a establecimientos comerciales.

---

guardarDB

public void **guardarDB**()

Guarda la información de los establecimientos procesados en la base de datos PostgreSQL o genera un archivo PDF si es que tiene observaciones pendientes.

LogVisual.java

Clase de tipo singleton que se encarga de crear una ventana en la cual se irá escribiendo un log de las actividades más importantes que ocurren en la aplicación.

Definición de métodos.

getInstance

public static LogVisual **getInstance**()

Returns:

Una instancia de la clase *LogVisual* para que pueda ser usado desde cualquier clase que pertenece a la aplicación.

---

mostrarTop

public void **mostrarTop**()

Muestra la ventana del log y lo pone sobre los otros elementos visuales.

---

ocultar

public void **ocultar**()

Oculta la ventana.

---

quitarTop

public void **quitarTop**()

Evita que la ventana se mantenga sobre los demás elementos visuales.

---

añadirMensaje

public void **añadirMensaje**(java.lang.String mensaje)

Escribe un mensaje en el log.

Parameters:

mensaje - El mensaje que se desea añadir al log.

---

mostrarLog

public void **mostrarLog**()

Muestra la ventana del log en caso de que se encuentre oculta.

Documentación adicional.

Además de la documentación que aquí se muestra, el código fuente se encuentra debidamente comentando y documentado para poder referenciarlo rápidamente durante el desarrollo.

Anexo D: Manuales de usuario

D.1 Manual de usuario. GeoPortal.

Este módulo se encarga de mostrar a través de cualquier navegador web la información geográfica disponible del perímetro urbano de la ciudad de Riobamba. Además de mostrar el mencionado mapa, sitúa sobre el mismo una serie de marcadores que son la representación de la ubicación de un establecimiento comercial. Para acceder a la página web es necesario que el usuario abra un navegador web e ingrese la dirección que el administrador de sistemas le suministre. A continuación se muestra una imagen del sitio web mencionado.

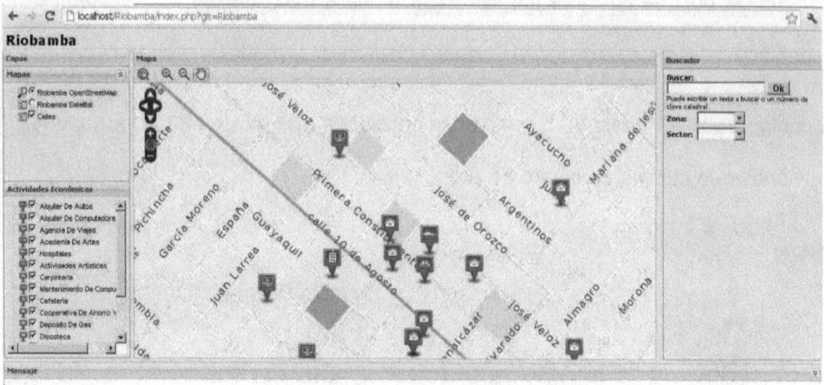

Requerimientos de software.

Para el corrector despliegue del portal web se requiere que se use un navegador web en lo posible actualizado. Los navegadores web compatibles son:

- Internet Explorer en su versión 7.0 o superior.
- Google Chrome

- Firefox
- Opera
- Safari

Nota: El portal web no se despliega de manera correcta si se utiliza el navegador web Internet Explorer 6.

Secciones del portal web.

El portal web tiene como función principal mostrar un mapa del perímetro urbano de la ciudad de Riobamba. Sobre el mismo se ubican una serie de marcadores que identifican la ubicación geográfica que tiene un determinado establecimiento comercial que se ha registrado en el sistema de patentes. Además, incluye un sistema de búsquedas para identificar de manera más precisa un resultado en específico.

A continuación se describe a detalle las secciones que existen en el portal y las funciones que cumple cada uno de ellos.

Mapa

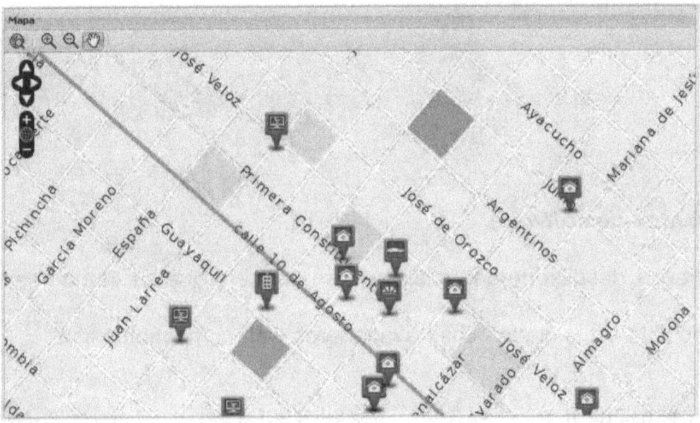

Es la zona central de la página web dentro de la cual se desplegará un mapa visual de la ciudad de Riobamba. Como ya se indicó, sobre este mapa es donde se ubicarán los marcadores que identifican a cada establecimiento comercial. La información que se muestra es una representación gráfica de la zona urbana de Riobamba y la nomenclatura con el nombre de las calles de la urbe. Además, el mapa cuenta con funciones para hacer más fácil su uso. Dichas funciones se encuentran disponibles en la parte superior del mapa a través de botones con iconos descriptivos. Las funciones que se Identifican son:

- **Zoom a la máxima extensión del mapa**: muestra todo el mapa de la ciudad

- **Acercamiento**: hacer click en el mapa y arrastrar para crear un rectángulo. Con esta función se puede agrandar una sección determinada en el mapa. Basta con hacer click en dicho botón y posteriormente hacer click en la sección de mapa que se quiere ampliar.

- **Alejamiento**: hacer click en el mapa y arrastrar para crear un rectángulo. Esta función es contraria a la anterior. Es decir, sirve para alejar el mapa y a su vez mostrar una mayor región del mismo. El funcionamiento de este botón es idéntico al anterior.

- **Desplazamiento:** Al mantener el click izquierdo del mouse sobre el mapa se puede desplazar en cualquier dirección.

Por otra parte, la principal función de este componente de la página web es mostrar la información de los establecimientos cuya posición geográfica está disponible. Para ello se ubican marcadores sobre el mismo, donde cada uno de ellos tiene la particularidad de que muestra información adicional sobre cada uno de los establecimientos. Al hacer click sobre un marcador se despliega un popup en forma de nube dentro del cual se presenta los siguientes datos:

- Tipo de actividad comercial.
- Nombre del establecimiento comercial.
- Calle principal sobre la cual se asienta el local.
- Calle secundaria o transversal.
- Nombre del representante legal del establecimiento.
- Fecha de inicio de la actividad comercial.
- Parroquia dentro de la cual se ubica el establecimiento.
- Barrio dentro del cual se ubica el establecimiento.
- Clave catastral del predio en dónde se ubica el local comercial.

En la siguiente imagen se puede ver un ejemplo de la representación visual que se explicó en el párrafo anterior.

Selector de Capas.

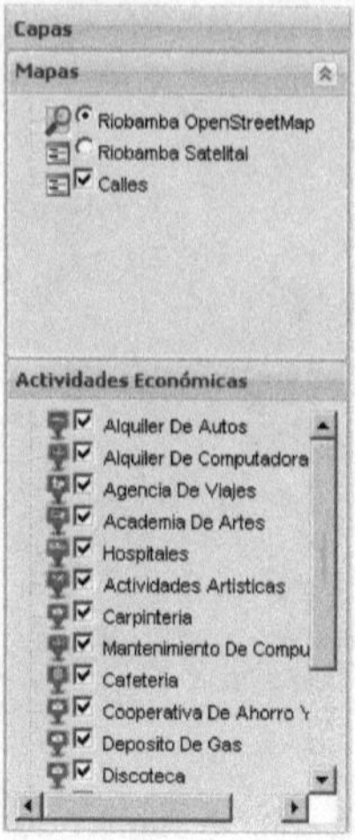

Esta región del portal web se encarga de seleccionar la información visual que se presenta en la región del mapa. Como se ve en la imagen de arriba, el selector de capas cuenta con dos subregiones. En la parte superior una región de "mapas" y en la parte inferior una de "actividades económicas".

La subregión de "Mapas" sirve para indicar a la página web que tipos de mapas se quieren mostrar. Al momento se dispone de dos tipos de mapas. Estos mapas son "Riobamba OpenStreetMap" y "Riobamba Satelital". Además, se muestra una tercera casilla con la etiqueta "Calles" que indica si se escribe la nomenclatura con el nombre de las calles o no. Esto le brinda versatilidad a la página web para que el usuario se acomode mejor a sus necesidades.

En la siguiente imagen se muestra una región del mapa con la casilla de "Riobamba OpenStreetMap" seleccionada. Los mapas que se muestran fueron tomados del portal web www.openstreetmaps.org

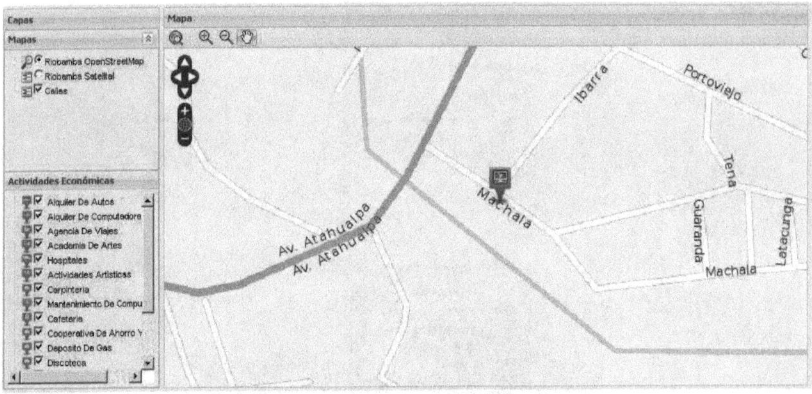

En el siguiente gráfico muestra la misma región de mapa pero seleccionando la casilla "Riobamba Satelital". Los mapas que se muestran fueron tomados del servicio que tiene a disposición el Instituto Geográfico Militar. Es un mapa satelital de la ciudad que fue capturado en el año 2010.

En segundo lugar, se tiene la sub-región de "Actividades Económicas". Aquí se colocará una lista de los tipos de actividades económicas presentes en la ciudad. Esta lista sirve para indicar al sistema que tipos de establecimientos se quiere que se muestren sobre el mapa. Con esto se facilita la ubicación de determinados tipos de locales comerciales en zonas en las cuales se aglutinan varios establecimientos. Al hacer click sobre la casilla correspondiente de cada tipo de actividad comercial aparecerán o desaparecerán los marcadores sobre el mapa.

En las siguientes imágenes se hace una comparación de mapas con algunos casilleros de tipos de actividades económicas de-seleccionadas.

Mapa con todos los tipos de actividades económicas activados.

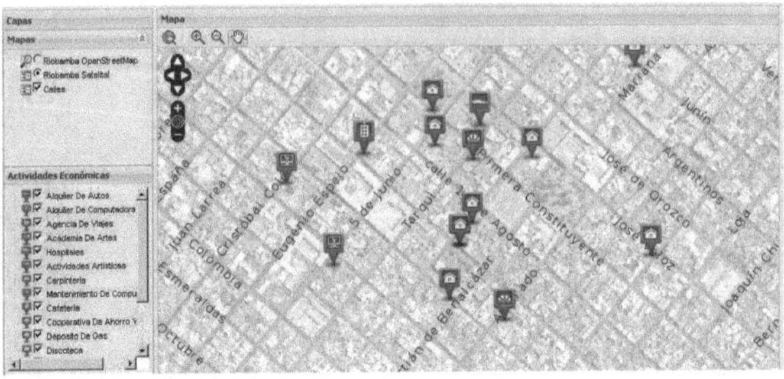

Mapa con algunos tipos de actividades económicas desactivados.

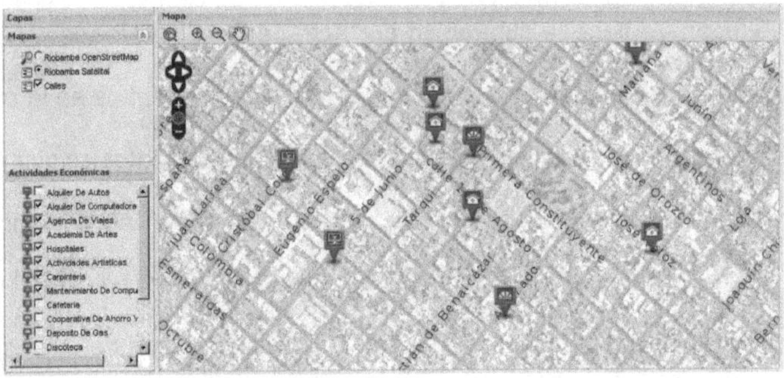

Buscador

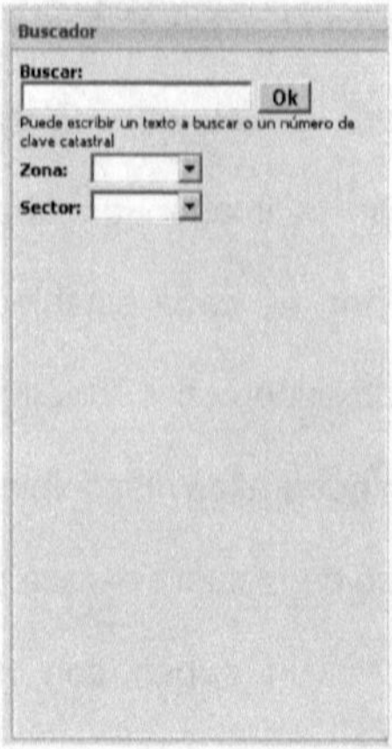

Esta región de la página web se encarga de brindar al usuario una interface a través de la cual se puede hacer consultas sencillas al sistema de patentes del Municipio de Riobamba. El funcionamiento es como cualquier buscador, en el campo de texto superior se puede escribir cualquier texto y el sistema buscará dichas palabras dentro de la base de datos que almacena la información de patentes. Se puede buscar por nombre de contribuyente o nombre de local comercial. Además, se puede hacer búsquedas por número de predio.

Además, abajo del cuadro en el cual se ingresa el texto a buscar, se encuentran dos opciones más de búsqueda. En la primera etiquetada con el nombre de "Zona" se despliega una lista con las zonas con las que cuenta la ciudad de Riobamba. En la segunda, etiquetada con el nombre de "Sector" se mostrará una lista con los sectores que existan dentro de la zona previamente seleccionada. Estas opciones sirven para filtrar la lista de resultados a zonas y sectores en específico y no obtener en los resultados locales comerciales de toda la ciudad.

Una vez escrito un texto en el campo correspondiente y después de dar click en el botón con la etiqueta "Ok", se hará la búsqueda. El sistema mostrará una lista de resultados, como se muestra en la imagen de abajo. Dentro de la lista de resultados se mostrará información de cada establecimiento para que sea más fácil la identificación del resultado esperado. Por último, cada resultado tiene un link si se dispone de información geográfica disponible. Este link sirve para que el mapa se mueva a la región dentro de la cual se ubica el establecimiento comercial seleccionado. Además, muestra un popup con una etiqueta que ayuda a identificar la ubicación precisa del resultado para evitar confusiones con locales comerciales cercanos.

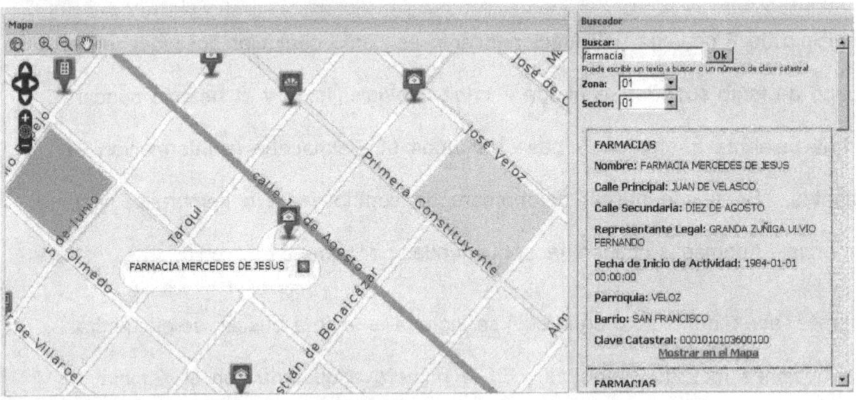

D.2 Manual de usuario. Aplicación de escritorio SIG Riobamba.

El programa "Generador de Archivos XML" está diseñado para conectarse a las bases de datos que contienen la información del sistema. Tiene dos funciones principales y estas son: la generación de archivos que guardan la información de los establecimientos y la lectura de archivos con la información geográfica de los mismos establecimientos. Esto a fin de poder interactuar con el programa para los dispositivos móviles.

El programa se puede ejecutar en cualquier computadora que tiene la máquina virtual de java instalada. Puede preguntar al administrador de sistemas sobre los requisitos de instalación. La principal ventaja del programa es que se puede ejecutar en cualquier sistema operativo siempre y cuando se cumpla el requisito que se especifica anteriormente. A continuación se describe la forma de uso del programa y las opciones que se tienen en el mismo.

Conexión

Para empezar a usar el programa es necesario conectarse a las bases de datos correspondientes. Para ello se tienen dos opciones en el menú "Conexión".

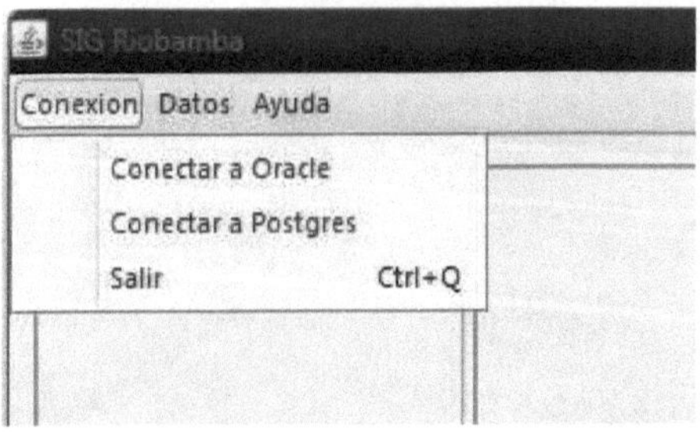

Conectar a Oracle

Esta función sirve para establecer una conexión a la base de datos Oracle que contiene la información del sistema de patentes del Municipio de Riobamba. Al hacer click sobre esta opción aparece una ventana emergente en dónde se escriben los parámetros que se utilizarán para conectarse. Los parámetros de conexión se los dará el administrador de sistemas encargado.

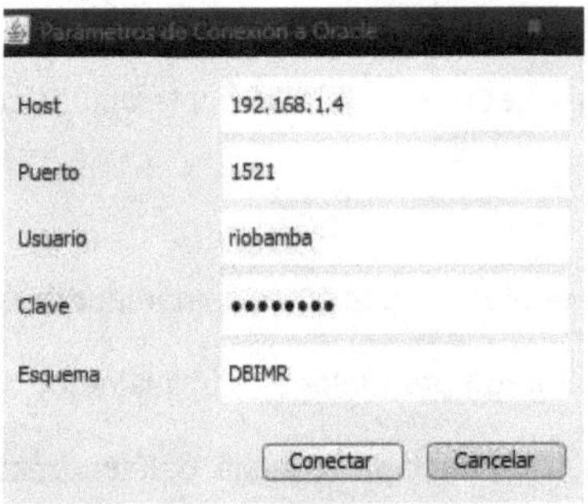

Si los parámetros son correctos se cerrará dicha ventana y en la aplicación principal aparecerá una lista con las zonas y sectores que existen en la ciudad de Riobamba tal y como se muestra en la siguiente pantalla.

Conectar a Postgres

Esta función sirve para establecer una conexión a la base de datos Postgres que se encarga de almacenar la información geográfica de cada establecimiento comercial. Al hacer click sobre esta opción aparece una ventana emergente en dónde se escriben los parámetros que se utilizarán para conectarse. Los parámetros de conexión se los dará el administrador de sistemas encargado.

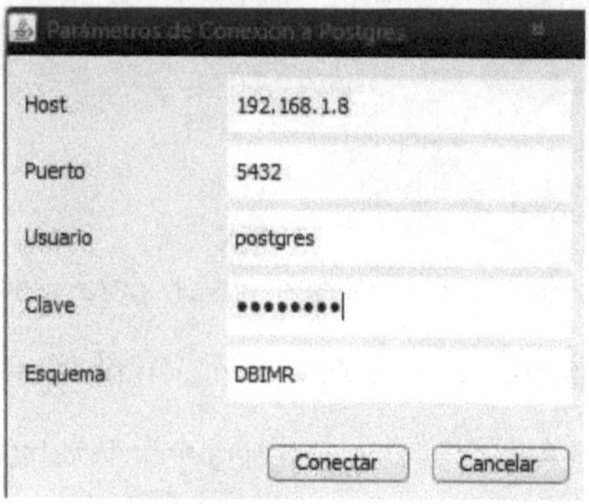

Si los parámetros de conexión son correctos la ventana se cerrará y se podrá hacer uso de todas las funciones del programa.

Sección de Zonas, sectores y establecimientos.

Es la zona en la cual se muestra la información que se necesita. La información aparece categorizada por zonas y sectores en la parte izquierda. Al hacer doble click sobre un sector, en la parte derecha aparece una tabla con una lista de establecimientos que corresponde a la zona y sector que se seleccionaron. Esta es una ayuda visual para saber cuáles son los datos que se trasladarán a los archivos que posteriormente alimentarán la aplicación móvil.

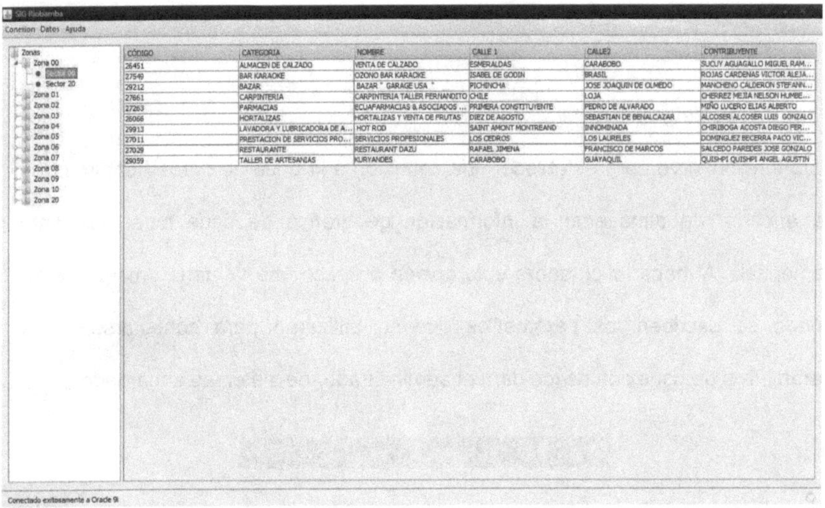

Datos

El menú "Datos" cuenta con opciones que sirven para crear los archivos con información de las actividades comerciales y también para leer los archivos que la aplicación móvil genere. Además, se puede imprimir la tabla que se visualiza en pantalla.

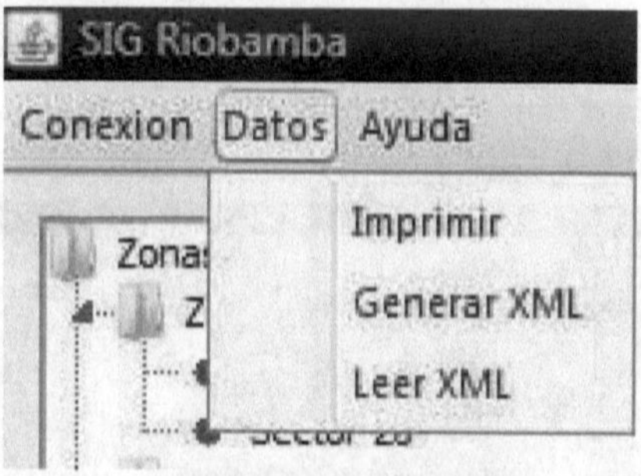

Imprimir

Esta opción se encarga de tomar la tabla que se esté visualizando en pantalla con la lista de los establecimientos y genera un documento imprimible. Aparecerá un cuadro de diálogo que sirve para configurar las opciones de impresión.

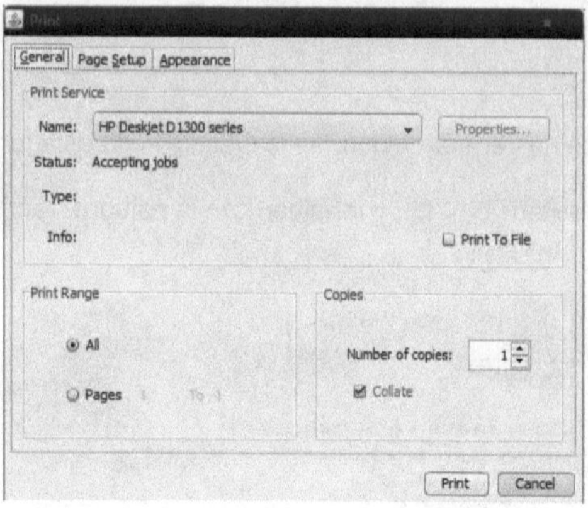

Generar XML

Esta opción sirve para generar archivos con extensión XML que sirve como fuente de alimentación de información para la aplicación móvil. Dentro de los archivos que se generan se encuentra toda la información que se visualiza en la tabla que se esté en ese momento en pantalla. Los archivos se guardarán en la misma ubicación en dónde se encuentre guardado el programa. Al culminar la tarea aparecerá un cuadro de confirmación.

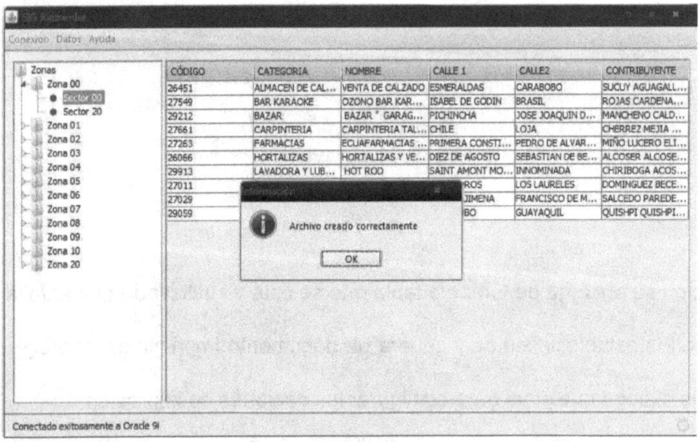

Lista de archivos que se generaron durante la ejecución de esta función. Aquellos archivos que tienen extensión XML y terminan con la palabra "-act" son los que se generaron.

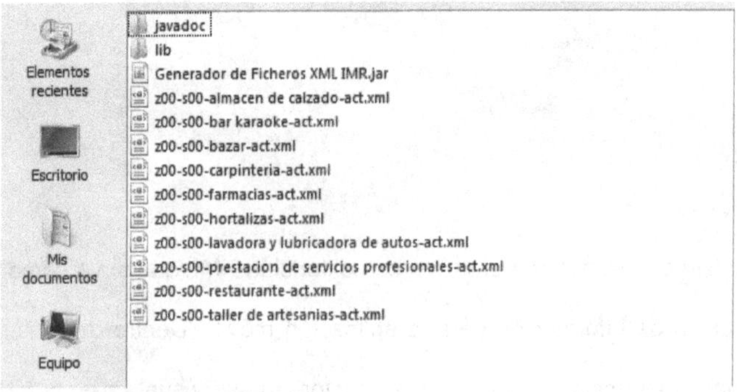

Leer XML

Con esta función lo que se podrá hacer es seleccionar aquellos archivos que la aplicación móvil haya generado. Dentro de dichos archivos estará almacenada la información geográfica y este programa se encargará de leerla y guardarla en la base de datos. Si no existe una tabla en donde guardar los datos se mostrará un cuadro de confirmación para proceder a crear el espacio en la base de datos y finalmente sí se procederá a guardarlos.

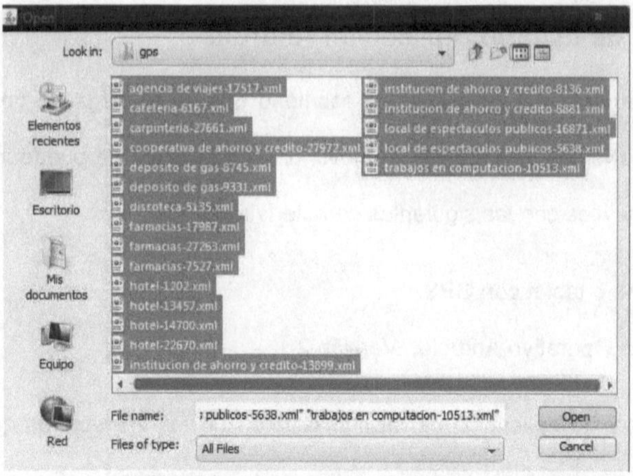

Luego de seleccionar los archivos, el programa automáticamente hará el proceso que se mencionó y la información estará ya almacenada y disponible para su visualización a través de la interface web.

Ayuda

Dentro de este apartado se ubica solamente la opción de menú "Acerca De". Al hacer click sobre el mismo aparecerá una ventana con información acerca del programa.

D.3 Manual de usuario. Aplicación Android

Como complemento del programa de escritorio que se encarga de gestionar la información, tenemos una aplicación móvil. Esta aplicación se puede instalar en dispositivos móviles con las siguientes características:

- Teléfono o tablet con GPS.
- Sistema Operativo Android. Versión 2.1

El objetivo de esta aplicación es facilitar la tarea de los inspectores que hacen salidas de campo para recolectar información geográfica. En esencia el funcionamiento es que el inspector se sitúe físicamente en el lugar en donde se encuentra el local comercial. Inicie la aplicación. Encuentre la información referente al establecimiento dentro de la lista que se carga en el dispositivo móvil. Encienda el GPS y espere a que el sensor interno determine las coordenadas latitud y longitud en donde se encuentra ubicado. Una vez hecho este proceso guarda la información y se mueve hacia el siguiente establecimiento para repetirlo nuevamente.

Forma de uso

Para usar de manera correcta la aplicación móvil se debe tener en cuenta las siguientes consideraciones. En la tarjeta SD del dispositivo se debe crear una carpeta llamada "*Riobamba"* y dentro de dicha carpeta se crea una carpeta llamada "*archivos*". Los archivos con extensión XML que se generaron con el programa de escritorio "Generador de Archivos XML" deben ser colocados al interior de la carpeta nombrada "*Riobamba*".

Pasos para usar la aplicación.

1. Una vez se han cargado los archivos mencionados, se puede hacer uso de la aplicación. Se inicia la aplicación al seleccionarla de la lista de aplicaciones instaladas en el dispositivo móvil. La aplicación es claramente identificable ya que tiene el logotipo de la municipalidad de Riobamba.

2. Después de iniciada la aplicación se mostrará una lista con los números de zonas que se tiene a disposición.

3. Al seleccionar una zona de la lista, aparecerá una lista con los sectores disponibles que pertenecen a la zona que se seleccionó.

4. Una vez seleccionado un sector aparecerá una lista con los tipos de actividades comerciales. Se puede seleccionar un elemento de la lista que se muestra.

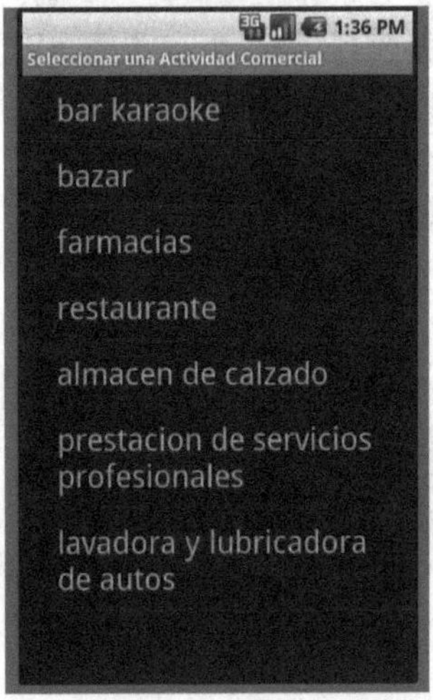

O se puede presionar el botón "menú" que tiene el teléfono para mostrar la opción de buscar.

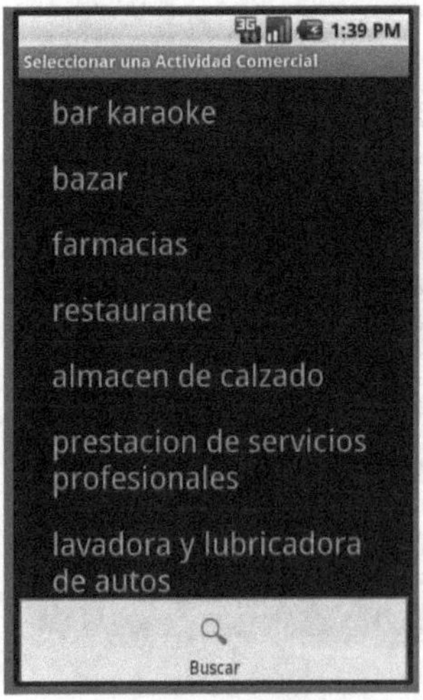

4.1. Si se escoge un elemento de la lista se mostrará un lista de todos los establecimientos comerciales que corresponde a la zona, sector y tipo de actividad seleccionados previamente.

4.1.1. Se puede escoger un elemento de la lista de establecimientos y se llegará a la siguiente pantalla. Se muestra información específica del establecimiento seleccionado. Los datos que se muestran son: el identificador, nombre del establecimiento, dirección y nombre de contribuyente.

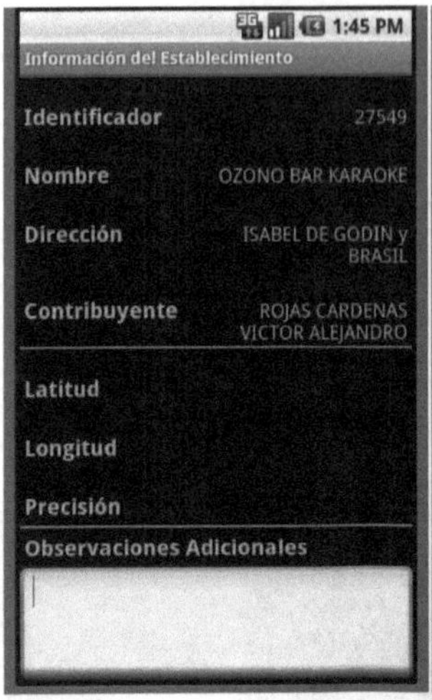

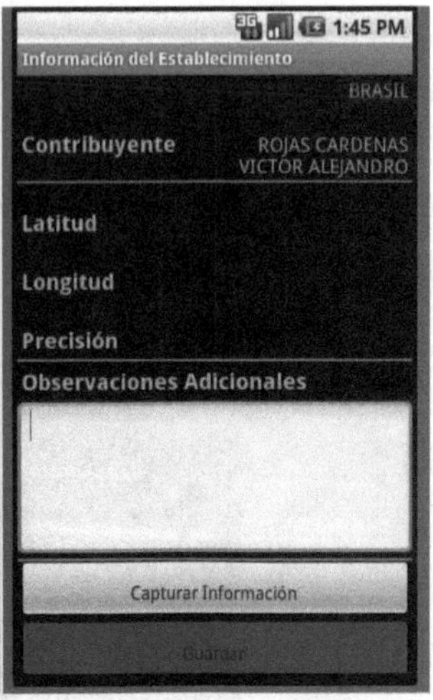

En esta pantalla se puede hacer click en el botón “Capturar Información”. En ese momento se encenderá el GPS y buscará señal para definir la localización del punto en el cual se encuentra en dicho momento.

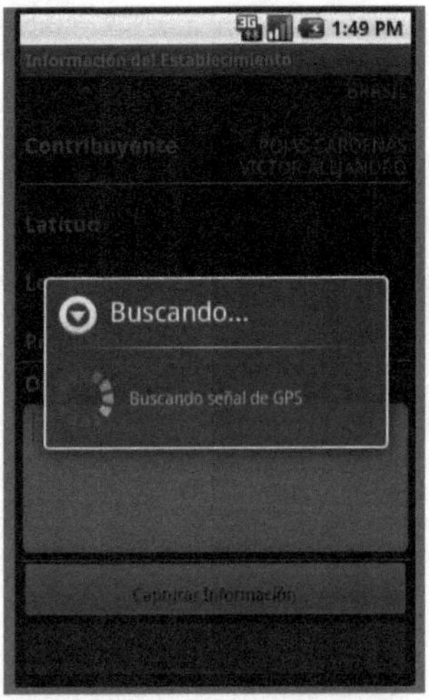

Al encontrar señal de GPS y las coordenadas latitud y longitud, el botón guardar se habilita. Al hacer click sobre el mismo, un archivo se almacena en la ubicación "/Riobamba/archivos" con la información referente a dicho establecimiento. Los archivos que allí se ubican son los que se deben cargar en el programa de escritorio cuando se selecciona la opción de menú "Leer XML".

4.2. Si en la pantalla de selección de tipo de actividad se escoge la opción de buscar, aparecerá una pantalla dentro de la cual se van a hacer búsquedas. Esta función sirve para ayudar a encontrar un establecimiento en específico de manera precisa y evitar confusiones. En el buscador se puede ingresar cualquier texto y la aplicación se encargará de buscar todas las coincidencias que dicho texto tenga tanto en la lista de nombres de establecimientos como en la lista de nombres de contribuyentes. Al dar click en el botón "Buscar" aparecerá una lista con los resultados si los hubiere.

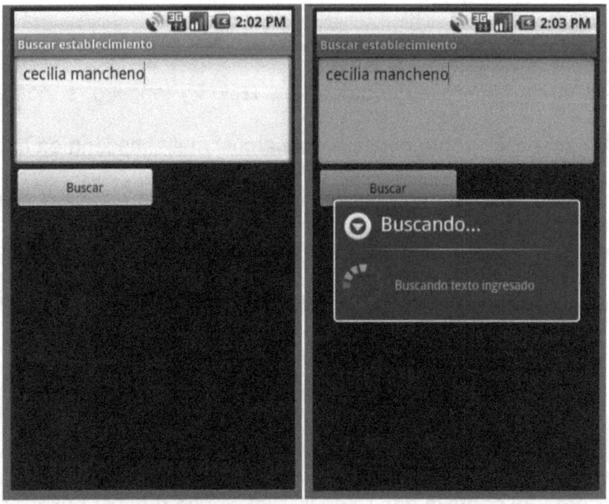

En la lista de resultados se puede seleccionar cualquiera de ellos y se tendrá acceso a la pantalla de información específica de cada establecimiento.

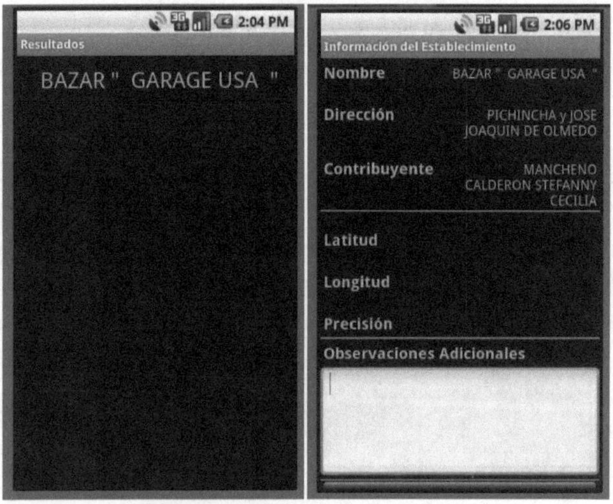

Anexo E: Encuestas de Satisfacción

E.1 Encuestas de satisfacción de usuario del GeoPortal

Encuesta sobre el funcionamiento del Sistema de Patentes de la Ciudad de Riobamba

La presente encuesta se utilizará con fines netamente educativos para conocer la opinión de la ciudadanía de Riobamba sobre la posibilidad de usar un sistema informático que permita la ubicación y visualización de establecimientos comerciales en la urbe.

* Requerido

¿Cómo ubica usted un servicio que requiere y cuya ubicación no conoce? *

En caso de querer ubicar un local comercial, por ejemplo una farmacia, a que recursos recurre para poder encontrarlo fácilmente.

- ☐ Catálogo de locales comerciales impreso. Por ejemplo: Páginas Amarillas
- ☐ Mapas en Internet
- ☐ Preguntando a familiares y amigos
- ☐ Mapas impresos

¿Utilizaría un buscador de establecimientos comerciales disponible en Internet? *

- ○ Sí
- ○ No

¿Sabe usted que en el Municipio de Riobamba se mantiene un registro de todas las actividades comerciales que se desarrollan en la ciudad? *

- ○ Sí
- ○ No

¿Le parece útil la utilización de un software/sistema informático para la correcta localización de los locales comerciales que funcionan en la ciudad? *

- ○ Sí
- ○ No

¿Usted ocuparía dicho "software" para llegar más rápido a un establecimiento comercial en Riobamba? *

- ○ Sí
- ○ No

¿Le parece útil el portal web que contiene la información del Departamento de Patentes del Municipio de Riobamba? *

- ○ Sí
- ○ No

¿La utilización del portal web es intuitivo o su manipulación resultada dificultosa? *

	1	2	3	4	5	
Muy difícil de usar	○	○	○	○	○	Es bastante intuitivo y fácil de usar

¿Qué ventajas puede identificar al usar el portal web?

- ☐ Mayor rapidez al ubicar un establecimiento comercial
- ☐ Contar con una fuente oficial de datos sobre las actividades económicas de Riobamba
- ☐ Identificar negocios que no se encuentran legalmente registrados en la entidad municipal
- ☐ Otra: ____

¿Qué problemas tuvo al usar el portal web?

- ☐ La carga de elementos es demasiado lenta
- ☐ Las búsquedas no reflejan lo que yo esperaba
- ☐ La cantidad de locales comerciales disponibles no es suficiente
- ☐ Otra: [ ]

¿Qué aspectos cambiaría del portal web en cuestión?

- ☐ Diseño
- ☐ Cambiar la forma de búsqueda
- ☐ No necesita cambios
- ☐ Otra: [ ]

[Submit]

E.2 Encuestas de satisfacción de usuarios del módulo de mantenimiento de información espacial.

Encuesta Departamento Técnico Municipio de Riobamba

Encuesta para medir la satisfacción de uso de los productos desarrollados para la implementación de un SIG enlazado al módulo de Patentes en la ciudad de Riobamba

* Requerido

La aplicación móvil cumple con el propósito de captura de información espacial *

	1	2	3	4	5	
En desacuerdo	○	○	○	○	○	Totalmente de acuerdo

La aplicación móvil es de fácil uso *

	1	2	3	4	5	
En desacuerdo	○	○	○	○	○	Totalmente de acuerdo

Es fácil ubicar un establecimiento comercial en la aplicación móvil *

	1	2	3	4	5	
En desacuerdo	○	○	○	○	○	Totalmente de acuerdo

Califique el proceso de carga de información en la aplicación móvil y la carga de información geográfica en la aplicación de escritorio

	1	2	3	4	5	
Muy Malo	○	○	○	○	○	Muy Bueno

Califique el sistema de manera global

	1	2	3	4	5	
Muy Malo	○	○	○	○	○	Muy Bueno

Submit

Anexo F: Diagramas de caso de uso

F.1 Usuario del geoportal

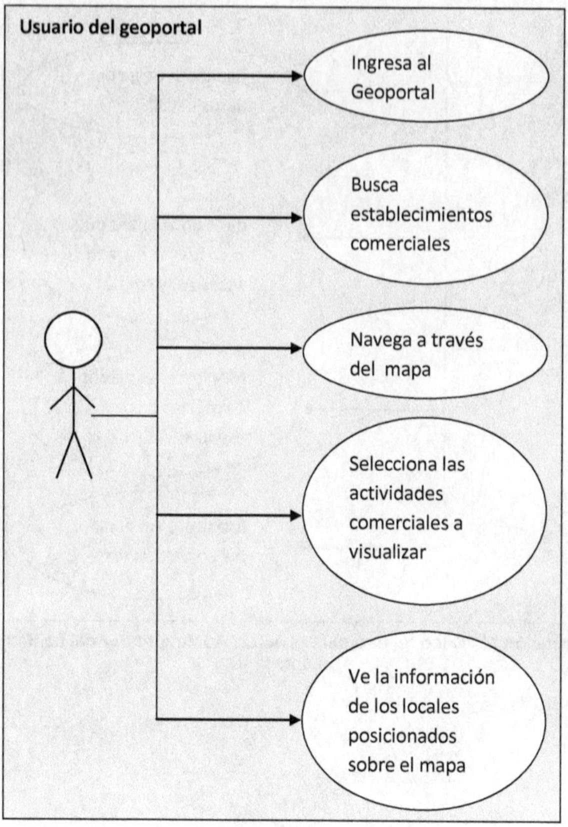

Ilustración 69 - Caso de uso para el actor: Usuario del geoportal

F.2 Funcionario municipal. Administrador del centro de datos

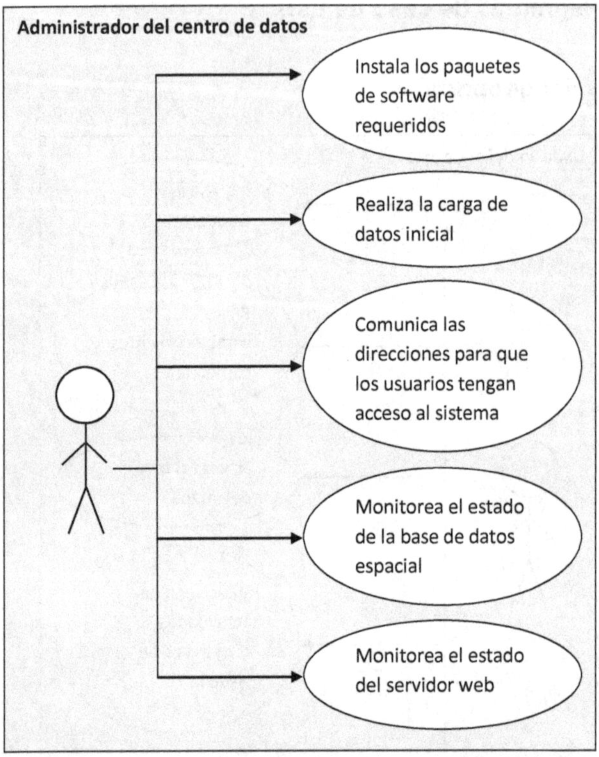

Ilustración 70- Caso de uso para el actor: Administrador del centro de datos

F.3 Funcionario municipal. Encargado de la base de datos espacial

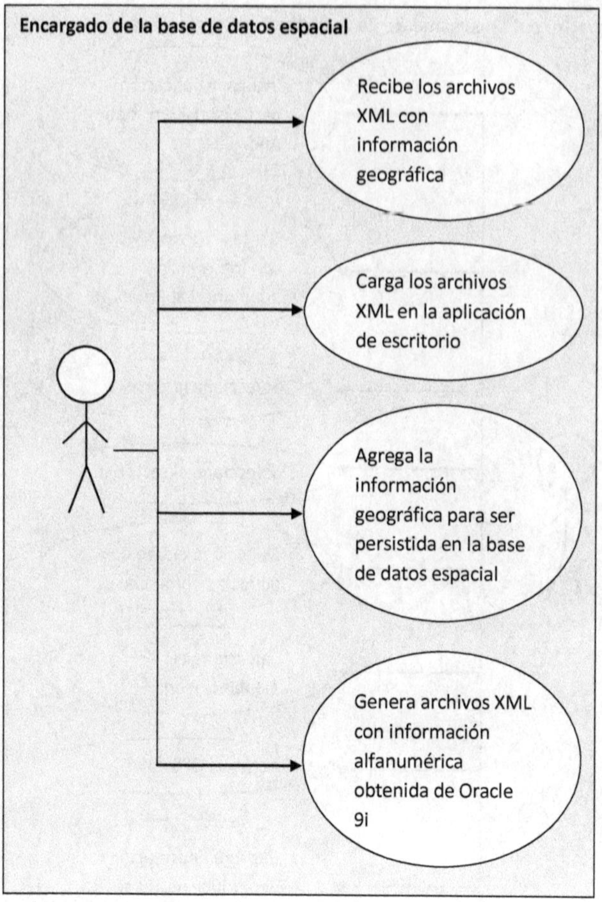

Ilustración 71 - Caso de uso para el actor: Encargado de la base de datos espacial

F.4 Funcionario municipal. Inspector del Departamento de Patentes. Aplicación Móvil.

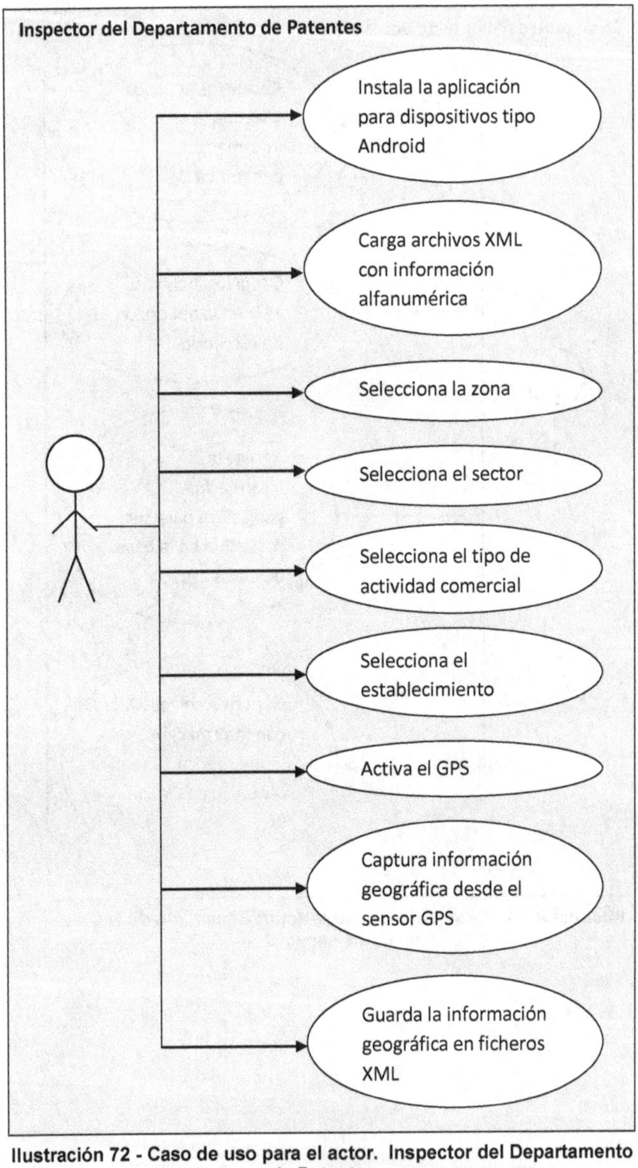

Ilustración 72 - Caso de uso para el actor. Inspector del Departamento de Patentes

Kolibri 360 GmbH
Ferdinand-Jühlke-Straße 7
99095 Erfurt, Deutschland
produktsicherheit@kolibri360.de

Druck:
CPI Druckdienstleistungen GmbH
im Auftrag der
Kolibri 360 GmbH
Ferdinand-Jühlke-Str. 7
99095 Erfurt